W0085496

Sonja Kochius

Jodie Foster

Mit eisernem Willen
von Erfolg zu Erfolg

BASTEI- LÜBBE-TASCHENBUCH
Band 61371

Originalausgabe
© 1996 by Bastei-Verlag Gustav H. Lübbe GmbH & Co., Bergisch
Gladbach
Printed in Germany, August 1996
Einbandgestaltung: K. K. K., Köln
Titelfoto: Michael Tinnegeld
Satz, Druck und Bindung: Ebner Ulm
ISBN 3-404-61371-6

Inhalt

1. Kapitel

Wer braucht schon einen Vater?

Aller Anfang ist leicht

Ganz Amerika schmunzelt über ein Foto, das auf großen Reklametafeln und in vielen Zeitschriften zu sehen ist. Das Besondere daran: ein Hündchen zerrt einem Blondschopf die Shorts vom Po. Diese offenherzige Rückansicht gehört der dreijährigen Alicia Christian. Und damit nimmt das Märchen vom kleinen Mädchen mit der großen Persönlichkeit seinen Lauf . . .

Es war einmal . . .

. . . eine Mutter, die in ihrem klapprigen Peugeot über die staubige Schnellstraße nach Hollywood fährt. Im Fond sitzen ihre Kinder. Der Junge soll für einen Werbespot für ein Sonnenschutzmittel vorsprechen, und das kleine Mädchen ist mitgekommen, weil es nicht allein zu Hause bleiben kann.

Im Fotostudio warten schon viele Kinder mit ihren Müttern. Es ist heiß, und in der Luft liegt Spannung. Wer wird das Rennen diesmal machen? Die Konkurrenz ist groß. Dann ist es soweit. Der Produzent und der Fotograf lassen vortreten. Buddy, so heißt der Junge aus dem Auto, soll sein Hemd ausziehen, damit sie sehen, wie schön braun er ist. Seine kleine Schwester will das auch. Und noch ehe die Mutter eingreifen kann, steht das Mädchen im Unterhöschen da und strahlt wie der Sonnenschein.

Unerwartet stiehlt der süße Blondschopf mit den blauen Augen allen die Show, und die Wahl ist getroffen: Der Fratz, der sich Brian Alexander nennt, aber Alicia Christian heißt und von allen nur Jodie gerufen wird, hat gewonnen. Doch nicht nur das, ihr erster Auftritt katapultiert sie auch gleich in die Welt hinaus: Jodie Foster wird das *Coppertone girl* von 1965. Und das ist erst der Anfang. Von nun wird man die Kleine in vielen Werbespots und Anzeigen in ganz Amerika sehen.

Evelyn (Brandy) Foster, die Mutter, war froh darüber. Als frisch Geschiedene mit vier Kindern stand ihr das Wasser bis zum Hals. Kein Geld und Rechnungen über Rechnungen. Sie wußte manchmal nicht mehr, wie es weitergehen sollte. Die beiden Kinder Buddy und Jody hatten Spaß an den Aufnahmen. Das war wie ein Spiel für sie, sie standen immer im Mittelpunkt, und jeder war so nett zu ihnen. Brandy wußte, daß es ihren kleinen Egos nicht schaden würde, ab und zu einen Fernsehspot zu drehen. Ihre Kinder konnten das gut verkraften, und die zusätzlichen Dollar waren mehr als willkommen. Die älteren Geschwister, Lucinda und Constance, das wußte sie, hätten keine zehn Pferde vor eine Kamera gebracht. Die wären vor Schüchternheit im Erdboden versunken.

Der Vater hatte die Familie verlassen, bevor Brandy entdeckte, daß sie wieder einmal schwanger war. Eine schöne Bescherung, denn sie wußte ja kaum, wie sie die drei anderen allein durchbringen sollte. Doch sie vertraute auf die 600 Dollar pro Monat, die ihr vom Scheidungsrichter zugesprochen worden waren – sie müßten eben auch noch für ein viertes Kind reichen. Eine Abtreibung stand jedenfalls außer Frage. Aber es sollte noch schlimmer kommen. Mal erhielt sie das Geld, dann wieder nur einen Teil und zum Schluß gar nichts mehr.

Die ersten Monate hatte Jodies Vater sich bemüht, seinen Zahlungen nachzukommen, dann verschwand er einfach. Lucius Foster III., ehemaliger Air-Force-Offizier und Yale-Absolvent, Sproß einer wohlhabenden Chicagoer Familie, dachte nicht daran, für seine Kinder zu sorgen. Brandy war verzweifelt. Schließlich erfuhr sie, wo er arbeitete, und ging Woche für Woche in sein Büro, um wenigstens ein Almosen zu bekommen – zu mehr ließ er sich nicht erweichen. Er hatte wieder geheiratet und sah nicht ein, wieso er für seine Ex-Familie aufkommen sollte. Brandy haßte es, sich vor ihm und seinen Kollegen zu erniedrigen. Eine unmögliche Situation, aber sie hatte vier Mäuler zu stopfen, und das Geld stand ihr schließlich zu.

Sie hätte es besser wissen müssen, als sie Lucius 1953 in Las Vegas das Ja-Wort gab. Für ihn war es bereits die zweite Ehe. Aus der ersten hatte er schon drei Söhne, um die er sich nicht kümmerte. Doch damals war Brandy einfach nur verliebt und glücklich. Und schwanger. Kurz nach der Hochzeit kam Lucinda zur Welt, im darauffolgenden Jahr Constance und 1957 der ersehnte Sohn, Lucius IV., genannt Buddy.

Die vaterlose Großfamilie kam bei einer guten Freundin unter, und fürs erste war gesorgt. Die älteren Geschwister paßten auf die kleineren auf, damit Brandy für einige Stunden in der Woche arbeiten gehen konnte. Eines Tages schwärmte Buddy von seinem neuen Freund, einem Nachbarsjungen, der Fernsehwerbung machte und sich so tolle Spielsachen kaufen konnte. Das ließ ihn nicht mehr los. Auch Brandy gefiel der Gedanke an ein paar Extradollar und deshalb ging sie zu einem Agenten. Doch lange Zeit tat sich gar nichts – die Agentur war ziemlich verschlafen. Buddy bekam keinen einzigen Auftrag. Er wurde nicht einmal zum Vorsprechen eingeladen. So hatte Brandy sich das nicht vorgestellt. Durch Zufall hörte sie von einer Agentin, die gerade mit dem Geschäft angefangen hatte, und ließ ihren Sohn bei ihr unter Vertrag nehmen. Tony Kelman, die von ihrer Garage aus arbeitete, war sofort begeistert von Buddy. Er verkörperte den Typ des *all-american-boy* mit seinem Blondhaar, den blauen Augen und breiten Schultern. Jungs wie er waren gerade »mega-in«.

»Buddy sah unheimlich süß aus und war wahnsinnig fotogen«, sagt Brandy. Die Werbeagenturen rissen sich um ihn. Er drehte Spots für Kellogs Cornflakes, Spielsachen von Mattel und Tierfutter. 110 Dollar gab es pro Job. Aber der plötzliche Geldsegen machte Brandy nicht blind. Sie glaubte nicht, daß es ewig so weitergehen würde. »Du hast reines Anfängerglück«, sagte sie zu ihm, um ihn darauf vorzubereiten, daß irgendwann Schluß sein würde. Doch bevor es dazu kommen sollte, wurde Buddy einer der erfolgreichsten Jungen im Fernsehen. Gerade einmal neun Jahre alt, verdiente er inzwischen 25 000 Dollar im Jahr. Und damit hatte der kleine Mann vorläufig die Rolle des Ernährers der Familie übernommen.

Mittlerweile lebte Brandy mit den Kindern am Meer, in Newport Beach. Die Luft war sauber, und an den Wochenenden machten sie lange Strandspaziergänge, spielten Volleyball, gingen schwimmen. Leider war dieses Ferienidyll nicht von Dauer. Wenn ein Anruf für einen Auftrag kam, mußte Buddy meist sofort losrasen, um sich bei Produzenten, Regisseuren oder Fotografen vorzustellen. Also zog man wieder nach Hollywood, um näher bei den Studios zu sein.

Das bescheidene Haus, in dem Jodie aufwuchs, steht immer noch in den Hollywood Hills, nicht weit vom berühmten Sunset Boulevard mit Blick auf die Hollywood Bowl. Es ist im spanischen Stil gebaut, weiß mit roten Ziegeln. Von außen sieht es größer aus, als es tatsächlich ist, denn das Erdgeschoß dient als Garage. Im ersten und zweiten Stock sind die Wohn- und Schlafräume. »Wir hatten nicht viel Platz«, sagt Jodie, »und es war laut. Der Verkehrslärm vom Hollywood Freeway rauschte Tag und Nacht.«

Brandy hatte ihren Job als PR-Beraterin für den Produzenten Arthur Jacobs aufgegeben und versuchte sich jetzt als Kunsthändlerin. Ihre Leidenschaft für alles, was schön, alt und edel war, prägte die ganze Familie. Die Kinder wuchsen mit immer wechselnden Möbelstücken auf. Gerade hatten sie sich an einen großen Eßtisch oder das unbequeme Biedermeiersofa gewöhnt, da waren die Sachen auch schon wieder weg. Nichts hatte Bestand, aber alles hatte Stil. Ihr Zuhause glich dem Leben auf einer Bühne mit rotierender Kulisse. »Mom sammelte Stühle. Das war ein richtiger Tick von ihr. Sie hatte eine unheimlich gute Nase für seltene Stücke. Wenn Geld da war, kam sie immer mit den wahnsinnigsten Dingern aus den unterschiedlichsten Epochen an. Und wenn wir mal wieder arm waren, verkaufte sie ein paar. Bei uns ging es immer rauf und runter. Mal hatten wir viel Geld und dann mal gar keins«, erinnert sich Jodie.

Brandy schleppte ihre Kinder in Buchläden, die vollgestopft waren mit alten, in Leder gebundenen Werken. Gekauft wurde nichts, aber gestaunt. Die Atmosphäre war wichtig. Hier wurde nur geflüstert, und man lief nicht barfuß herum. Man mußte sich benehmen und lernte andere Welten kennen. Sie erklärte ihnen, wie Matisse malte, zeigte ihnen Bilder von französischen Schlössern und redete stundenlang von Napoleon. »Warum, das weiß der Teufel«, sagt Jodie, »das war auch so eine Macke von ihr.« Brandys Kinder sollten Kultur atmen, ihr Haus als gebildete Menschen verlassen. Sie wollte ihnen das geben, was ihr selbst nicht vergönnt gewesen war.

Buddy spielte in mehreren Fernsehserien mit. Er war ein unbeschwertes Kind und die Schauspielerei für ihn völlig natürlich. Ein paar Jahre schwamm er ganz oben auf der Erfolgswelle, dann war es vorbei. Genauso, wie Brandy es ihm prophezeit hatte. Doch trotz aller Warnungen traf es ihn hart. Und es dauerte lange, bis er sich wieder fing. Heute ist Buddy zum drittenmal verheiratet, hat drei Kinder aus den beiden ersten Ehen und verdient seinen Lebensunterhalt im Baugewerbe. Das Verhältnis zu seiner berühmten Schwester ist ziemlich abgekühlt. Sie hat ihm nie einen Job in einem ihrer Filme angeboten, obwohl er oft gefragt hat. Jodie hält nichts von Vetternwirtschaft. Viel Bitterheit schwingt in seiner Stimme mit, wenn er sich daran erinnert, daß er jahrelang um seine Existenz kämpfen mußte. Er versuchte sogar, sich umzubringen, als ihm alles ausweglos erschien. Immer noch empfindet er es als Ungerechtigkeit, daß alles, was er als Kind verdient hatte, als Unterhalt für die Familie draufgegangen war. Ihm war von all dem Geld nichts geblieben.

Auch die anderen Geschwister haben sich auseinandergelebt. Constance arbeitete als Buchhalterin bei einem Radiosender, bevor sie ihre Liebe zur Innenarchitektur entdeckte. Das Talent hat sie anscheinend von ihrer Mutter geerbt. Heute ist sie zum zweitenmal verheiratet und lebt mit Mann und Kindern in einem der weitläufigen Vororte von Los Angeles, nicht weit entfernt von Brandys Haus. Lucinda, die oft als Körper-Double für ihre kleine Schwester eingesprungen ist, wenn Nacktszenen gefragt waren, zog es nach Frankreich. Dort lebt sie heute mit ihren beiden Kindern und unterrichtet Englisch.

Einmal im Jahr allerdings, am Thanksgiving Day, treffen sich alle und reden über neue Rezepte, denn kochen ist die große Leidenschaft, die die Fosters seit eh und je teilten. Neben der unendlichen Liebe zur Mutter, natürlich, die lange nur für ihre Kinder lebte, die für sie alles waren, was sie hatte.

Am meisten jedoch verwirklichte Brandy sich durch Jodie. Als deren Karriere vielversprechend zu werden versprach, konzentrierte sie sich voll und ganz auf ihr Nesthäkchen.

Kindheit à la Jodie

Es sind nicht die Kinderstars, die später Probleme haben, sondern die Kinder der Stars.
Jodie Foster

Jodie war der Sonnenschein der ganzen Familie. Jeder hatte Spaß an der Kleinen, die so aufgeweckt war und keine Hemmungen kannte. »Sie war einfach anders, schon gleich nach der Geburt. Etwas Besonderes eben«, sagt Constance. Jodie wirkte bereits als Baby sehr erwachsen und selbstbewußt. Sie war nicht niedlich und kindlich, sondern eher altklug und allwissend. Und jedem, der es wissen wollte – oder nicht – sagte sie: »I'm the greatest!« Ihr Wortschatz war der einer Großen, und so benahm sie sich auch. Das wirkte auf viele so entzückend wie ein Dreijähriger im Smoking mit Pomade im Haar, der für seine Mutter den Kavalier spielt und ihr beflissen die Tür aufhält.

»Jodie war kein typisches kleines Mädchen. Und das war ihr Erfolgsgeheimnis«, sagt Brandy. »Sie war eher streng, kein bißchen kokett, so wie viele andere. Eher der Typ Kind-Frau. Das lag vielleicht daran, daß sie ohne Vater aufgewachsen ist. Bei uns gab es kein ›Dreh‹ dich um und zeig Daddy, wie hübsch du aussiehst.‹«

Das Wunderkind konnte mit neun Monaten laufen, mit zwölf Monaten ganze Sätze sprechen und sich mit anderthalb Jahren alleine anziehen. Am liebsten trug sie abgeschnittene Jeans von Bruder Buddy, den sie heiß und innig liebte und bewunderte. Sie war ein echter Typ, eine kleine Persönlichkeit und obendrein ein Wildfang. Jodie hatte mehr von einem Jungen als von einem Mädchen. Und das ist bis heute so: Sie wirkt zwar zart und transparent, aber wenn sie geht, schwebt sie nicht ätherisch über den Boden, sondern bewegt sich mit der machohaften Selbstsicherheit eines Truckdrivers.

Mit drei überraschte sie alle, als sie plötzlich anfing, alleine zu lesen. »Ich kann mich noch genau erinnern. Wir fuhren den Hollywood Boulevard entlang und Jodie las, was auf den Filmplakaten stand. Ich dachte zuerst, sie hätte sich das gemerkt, wie kleine Kinder es so tun. Aber nein, sie konnte tatsächlich lesen«, sagt Brandy stolz. Mit fünf war Jodie in der Lage, eine Rolle in einem Drehbuch vorzulesen, das man ihr zum erstenmal unter die Nase hielt. Das Kind war hochintelligent. Und das mußte gefördert werden.

Jodie wurde in eine Schule für begabte Kinder gesteckt, die sie mit links meisterte. Trotz ihrer Arbeit in Foto- und Filmstudios brachte sie die besten Zensuren nach Hause. Allen wollte sie beweisen, daß sie tatsächlich die Größte war. Nicht ganz freiwillig allerdings: Dieser Wahnsinnstrieb resultierte aus der Angst, andere zu enttäuschen. Einmal hat sie mit ansehen müssen, wie die Mutter stundenlang heulend in der Ecke kauerte und nicht mehr weiter wußte. Dieser Anblick verfolgt Jodie bis heute. Hilflosigkeit ist für sie das Schlimmste, was es gibt. In einem Interview mit der *L. A. Times* sagte die erwachsene Jodie: »Schwäche turnt mich total ab. Das geht so weit, daß ich einem verletzten Vogel auf der Straße am liebsten einen Tritt geben möchte.«

Es ist ihre Schuld, daß die Mutter so verzweifelt war, glaubte sie. Das durfte nie wieder passieren, dafür wollte sie sorgen. Sie übernahm die Verantwortung und erlaubte sich nicht zu versagen. »Ich war fest davon überzeugt, daß ich nicht nein sagen durfte. Zum Beispiel hatte ich einmal richtige Frostbeulen, nur, weil irgend jemand auf dem Set beim Filmen vergessen hatte, mir Socken zu geben. Es tat höllisch weh, aber ich traute mich nicht, was zu sagen. Ich hatte Angst, daß man sauer werden könnte und mich feuert.«

Jodie schluckte ihre Emotionen runter, ohne sie zu verdauen, speicherte sie bis auf weiteres ab. Wenn sie sich genügend ablenkte, spürte sie keinen Schmerz. Und wenn er doch hochkommen sollte, dann kickte sie ihn eben beiseite. Sie entwickelte sich zu einer wahren Meisterin im Konzentrieren und war fortan jeder Belastung gewachsen, egal, was passierte. »Ich lernte, immer bereit zu sein. Und weil ich ein Kind war, wurde ich auch öfter angeschnauzt als andere. Natürlich war es auch immer mein Fehler, wenn was schiefging.« In dieser Ungerechtigkeit, die sie schweigend wegsteckte, sieht sie heute eine gute Schule, eine Vietnam-Nahkampf-Ausbildung fürs Leben. Klein Jodie war jetzt für jeden Fall gewappnet. Unkontrollierte Gefühlsausbrüche gab es nicht. Aber sie konnte ihre Gefühle, die so sicher verstaut waren, vor der Kamera auf Knopfdruck abrufen. Jodie brauchte keine Hilfsbrücken. Ihr mußte man keine Märchen erzählen, wie »Dein Teddybär ist tot«, damit sie in Tränen ausbrach. Und mit dem »Cut!« des Regisseurs war alles wieder vorbei.

»Professionell sein ist wichtiger als die Kunst des Schauspielens selbst, und das kann man lernen. Um sein Bestes geben zu können, muß man sein Handwerk beherrschen. Dann kann einen nichts aus der Bahn werfen. Ob dein Hund während der Dreharbeiten stirbt oder was auch immer, nichts darf dich erschüttern oder ablenken, egal, wie du dich fühlst. Und wenn, dann muß dir das peinlich sein. Denn dafür gibt es keine Entschuldigung. Das habe ich früh gelernt.«

Sie ackerte wie ein Pferd. Ihr kleines Leben war vollgestopft mit Pflichten: Arbeit, Lernen und vor allen Dingen Gehorsam. Für Puppenspiele blieb keine Zeit. Die einzige Puppe, die sie hatte, war G. I. Joe. Ein Soldat in Uniform. Dem mußte man nicht die Haare kämmen, denn er hatte keine.

In der dritten Klasse wurde sie zu einem Test für das Programm für besonders kluge Kinder zugelassen. Das Ergebnis war so beeindruckend, daß man Jodie sofort in die fünfte Klasse stecken wollte – das vierte

Schuljahr sollte sie überspringen. Ihr Talent sollte wissenschaftlich gefördert werden. Der Kleinen stand eine große Zukunft offen. Brandy sah das genauso, mit einem Unterschied: Ihr Kind sollte die Welt erobern, Träume, die sie selbst geträumt hatte, verwirklichen. Aber die Wissenschaft gehört nicht dazu. Jodie sollte Sprachen lernen, um sich überall verständigen zu können, und nicht über dem Mikroskop oder vor einem Superrechner versauern.

Kurz entschlossen nahm Brandy ihr Kind von der Schule und steckte sie ins Lycée Française in Los Angeles, die Erfüllung eines weiteren Traums von ihr, die alles liebt, was mit Frankreich zusammenhängt. Das Lycée Française ist eine Elite-High-School, auf die auch die Kinder von Berühmtheiten wie Marlon Brando, Telly Savallas, Petula Clark und Charles Bronson gingen. Bekannt für das strenge Klima, war das der richtige Rahmen für ihr Kind, fand Brandy. Die Kinder trugen Uniformen und mußten aufstehen, sobald ein Erwachsener das Klassenzimmer betrat. Jodie, die sich überall spielend anpaßte, fügte sich auch hier klaglos ein.

Wenn sie nicht in einem Wohnwagen lebte, weil sie gerade irgendeinen Film drehte, war die Schule ihr Leben. Hier wie da war sie jedoch abgeschirmt von der Außenwelt. Freundinnen hatte sie nicht. Wie auch? Acht, neun Monate im Jahr verbrachte sie auf unterschiedlichsten Filmdrehorten. Außerdem fand sie Mädchen doof. »Viele Sachen, die die interessieren, langweilen mich«, befand die Zwölfjährige. Eins vermißte sie allerdings: Sie wollte auch mal so braun sein wie die anderen Kinder. Aber sie tröstete sich damit, daß ihre Haut sowieso zu empfindlich sei. Auf Aufregung zum Beispiel reagierte sie mit juckenden Ausschlag.

Eine Lehrerin vom Lycée reiste stets mit, damit Jodie nichts vom Unterrichtsstoff versäumte. Zwischen den Szenen wurde Französisch und Mathe gepaukt. Vor der Kamera spielte sie das sterbende Mädchen, und nach dem Cut brütete sie in der Garderobe wieder konzentriert über ihren Algebraaufgaben. Die Leiterin der Schule, Madame Kabbaz: »Jodie war ein sehr intelligentes Kind mit überdurchschnittlichen Leistungen.« Wie hoch ihr Intelligenzquotient war, darüber wollte sie sich nicht auslassen. »Das ist privat. Das geht niemand was an.«

Jodie funktionierte wie aufgezogen. Da sie es nicht anders kannte, dachtet sie, daß es so sein mußte. Daß ihr vieles erspart blieb, womit andere Teenager sich rumzuplagen hatten, war für sie ein Plus. Sie war froh, daß sie nie Liebeskummer hatte. Wie auch? Verlieben fand sie erstens oberblöd, und Flirts und andere »Dummheiten« wie Drogen wies sie weit von sich. »Ich gehe nicht mit Jungs aus«, sagte sie, als sie dreizehn war, »das ist mir zu dämlich. Außerdem habe ich keine Zeit, weil ich immer filme. Und wieso sollte ich meine wunderbare Kindheit dafür opfern, um als junger Swinger durch die Gegend zu rauschen?« Derart überzeugt von sich selbst, fühlte sich der Kinderstar, der in einem Käfig lebte, frei wie ein Vogel.

Rückblickend sagt sie: »Meine Erziehung war sehr provokant, und das hat mich stark gemacht, mir geholfen, das zu werden, was ich heute bin.« Selbst mit 33 Jahren ist Jodie davon überzeugt, daß sie nichts verpaßt hat. Im Gegenteil: »Meine Kindheit war nicht normal, aber ich habe etwas gehabt, was nicht jedem Kind vergönnt ist: Ich wußte schon früh, wie man mit Erwachsenen spricht, und konnte selbst Entscheidungen fällen.«

Wer mit achteinhalb Jahren bereits 45 Werbefilme abgedreht und seit dem vierten Lebensjahr in TV-Serien mitgespielt hat, ist ein alter Hase. Und so sah Jodie sich auch. Zusammen mit Buddy war sie in der Fernsehserie MAYBERRY R. F. D. zu sehen. Später trat sie regelmäßig in den Serien THE COURTSHIP OF EDDIE'S FATHER, MY THREE SONS und anderen auf. Es lief ganz gut. Aber Brandy fand es an der Zeit, einen Schritt weiterzugehen. Und das hieß: Schluß mit Werbespots! Ein für allemal.

Die Agenten hielten sie für total verrückt. Übergeschnappt. Sie sollte besser den Erfolg ausnutzen, wahrscheinlich war bald sowieso alles vorbei. Doch Brandy blieb stur. Sie wußte, daß mit jedem weiteren Werbefilm die Chancen für Jodie geringer werden würden, ins richtige Filmgeschäft einzusteigen. Irgendwann würde man sich nicht nur an ihr satt sehen, sondern ihr auch nichts anderes mehr zutrauen, als aller Welt ein neues Haarshampoo anzupreisen. Ihre Tochter sollte von jetzt an nur noch filmen. Aber keinen Kleckerkram mehr, sondern richtige Rollen, Hauptrollen. Und sie verlangte 1000 Dollar pro Woche. Das war ziemlich hoch gegriffen, denn die gängigen Honorare für Kinder lagen bei 420 Dollar. Doch Jodie war bereits Profi, und Brandy pokerte hoch.

Twentieth Century Fox bot ihr eine Rolle zum üblichen Preis an. Kein Thema für Brandy: »Wenn ihr nicht mehr zahlen wollt, dann ist die Rolle es nicht wert. No way!« Die Studios waren empört. Jeder versuchte, ihr weiszumachen, daß Jodie doch nur ein Kind sei. Und Brandy antwortete, ja richtig, ein Kind, das ihr braucht. Und wenn die Serie, in der sie mitspielen soll, wichtig ist, dann ist mein Kind auch die 1000 Dollar wert.

Ihre Hartnäckigkeit zahlte sich aus. Jodie drehte die TV-Serie PAPERMOON. In dem gleichnamigen Kinofilm hatte Tatum O'Neal die Rolle des kleinen Mädchens gespielt, das sich an einen liebenswerten Betrüger hängt, weil es unbedingt einen Vater will. Jodie war begeistert. Endlich keine Werbung mehr. Das fand sie mittlerweile stinklangweilig. Immer und immer dasselbe tun, den ganzen Tag Sachen essen, die gräßlich schmeckten, und sich hinterher übergeben. »Nachdem ich einmal eine Shampooreklame abgedreht hatte, konnte ich das Zeug zehn Tage lang nicht aus dem Haar kriegen. Ich wollte mir schon eine Glatze scheren lassen, so furchtbar war das.«

Auf die Frage von Reportern, was sie von Tatum O'Neal hielt, die mit dem Kinofilm so erfolgreich gewesen war, antwortete sie: »Jeder denkt, wir sind Rivalinnen und versuchen, uns gegenseitig die Kehlen durchzuschneiden. Aber das ist Quatsch. Ich habe sie

einmal bei der Oscarverleihung getroffen, und sie war sehr nett. Zwischen uns gibt es kein Konkurrenzdenken. Schließlich ist sie viel jünger als ich. Warum sucht ihr Erwachsenen immer nach dramatischen Stories, die überhaupt nicht existieren?« Indirekt kritisierte sie die berühmte Kollegin allerdings doch, die auf den Hollywoodpartys rumgereicht wurde. So etwas würde sie nicht mitmachen, das fand sie unmöglich.

Leider entpuppte sich die Fernsehserie als Flopp und wurde schon bald abgesetzt. Eine andere Serie, die WALTONS, hatte ihr den Rang abgelaufen. Brandy, die keine Schranken für ihr Kind gelten ließ, war's recht. Sie entschloß sich, daß Jodie von nun an nur noch Kinofilme drehen sollte.

Mutter war immer dabei

Meine Mutter hört mir immer zu. Sie ist meine beste Freundin. Und ich ihre. Wenn ich nicht wäre, hätte sie niemanden, nichts. Und wenn sie nicht wäre, wäre ich nichts.
Jodie Foster

Ohne Vater aufzuwachsen war das beste, was ihr passieren konnte, weil ihr dadurch keine Grenzen gesteckt wurden. Davon ist sie überzeugt. Sie wußte nicht, daß es einen Unterschied zwischen Mann und Frau gab, darum fühlte sie sich als Mädchen auch nicht minderwertiger oder benachteiligt. Daher waren auch ihre Berufswünsche nicht gerade bescheiden. Als Zwölfjährige wollte sie sich auf das Amt der Präsidentin von Amerika vorbereiten, nebenbei Bühnenschauspielerin werden und einen Hamster haben, den sie überallhin mitnehmen konnte. Ihre Traumrolle war die Portia im *Kaufmann von Venedig*, weil die Anwältin ist. Und das wollte sie auch werden, denn das war eine gute Grundlage für den zukünftigen Präsidentenjob.

Vermißt hat sie ihren Vater auch nie. »Ich wußte ja nicht, wie es ist, wenn man einen hat«, sagt sie. »Meine Geschwister kannten ihn, ich nicht. Hab' ihn vielleicht viermal getroffen. Wenn er mir begegnen würde, würde ich ihn nicht erkennen. Ich würde höchstens sagen, hey, der Typ sieht aus wie meine Schwester.«

Im Foster-Haus hatte die Mutter die Hosen an, regierte strenger als zehn Väter zusammen. Sie war aber auch einsichtig genug, um ihren Kindern genügend Freiraum zu lassen, damit sie eigene Persönlichkeiten entwickeln konnten. Jodie konnte zum Beispiel tagelang rumlaufen, ohne sich die Zähne zu putzen, und niemand sagte was. »Mutter war es egal, wie lange ich ein und dieselbe Hose trug, Hauptsache, ich war glücklich. Ich ließ auch oft das Badewasser nur laufen, ohne reinzugehen. Wahrscheinlich ist es gut, daß ich Schauspielerin geworden bin, sonst sähe ich immer aus wie eine Stadtstreicherin.«

Brandy arbeitete gezielt an Jodies Charakterbildung. Sie wollte ein Kind, das automatisch das Richtige tat, ohne seinen moralischen Background zu vergessen. Constance: »Mutter paßte auf, daß aus Jodie was Vernünftiges wurde, ein Mädchen, daß sich zu benehmen wußte und gut in der Schule war. Und daß sie eine ganz normale Frau wurde, nicht eins von diesen Hollywood-Ekeln.«

Die Mutter sagte Jodie jeden Tag, daß sie sich glücklich schätzen könne, eine Frau zu sein, weil Frauen tun und lassen können, was sie wollen. Heute weiß sie, daß das nicht stimmt. Aber sie ist froh, daß es ihr so penetrant eingetrichtert wurde, denn für sie hat sich das verwirklicht. Ohne diese »Gehirnwäsche« wäre sie heute nicht so stark. »All die Sachen, die ich an mir selbst mag, habe ich dieser Zeit zu verdanken. Man muß an sich glauben. Auch wenn viele Leute schlecht über einen reden. Sonst kann man nicht nur als Schauspielerin einpacken.«

Jodie pickt heute nur die Vorteile ihrer einseitigen Erziehung raus: »Man wird einfach selbstbewußter, wenn man immer nach seiner Meinung gefragt wird – nicht?« Wenn sie im Restaurant saßen, fragte die Mutter sie stets, welchen Wein sie bestellen sollten. Sie diskutierte mit ihr über Politik, kurz, sie nahm sie ernst und überzuckerte ihr nicht das Dasein mit albernen Kindereien. Und Jodie hatte immer das Gefühl, Entscheidungen zu treffen, was natürlich nicht unbedingt stimmte. Es war nur eine List, sie glauben zu machen, daß sie alles unter Kontrolle hat, um ihr Selbstbewußtsein zu schulen. Jodie ihrerseits kannte ihre Grenzen: »Wenn ich gesagt hätte, ich will in einem Pornofilm mitspielen, dann hätte Mutter natürlich einen Riegel vorgeschoben.«

Für Außenstehende sah das Zusammenspiel von Mutter und Tochter anders aus. Den Regisseuren fiel auf, daß Jodie Brandy bemutterte und nicht umgekehrt. James Komack, der die Serie THE COURTSHIP OF EDDIE'S FATHER mit der Siebenjährigen drehte: »Brandy war eine gutaussehende Frau, die aber ihrem Kind nicht das Wasser reichen konnte.« Auch für Adrian Lyne, bei dem sie 1980 den Film JEANIES CLIQUE drehte, war deutlich, daß die siebzehnjährige Jodie erwachsener war als ihre Mutter.

In dem Buch »Das Drama des begabten Kindes« von Alice Miller stehen viele Fallbeispiele von superintelligenten Kindern beschrieben. Die meisten von ihnen haben Eltern, die unsicher und emotional verkrüppelt sind. Zum Ausgleich versuchen sie, ihre eigenen Wünsche und Ziele durch ihre Kinder zu verwirklichen. Und die merken bereits früh, was die Eltern brauchen, und geben es ihnen. Im Gegenzug dafür gibt es ja Liebe. Leider kommen sie selbst dabei zu kurz, lernen sich, ihre eigene Identität, nicht kennen. In einem Abschnitt steht: »Diese Kinder werden später Mütter (Vertraute, Tröster, Ratgeber) ihrer eigenen Mütter und übernehmen auch die Verantwortung für ihre Geschwister. Sie werden sehr hellhörig und aufmerksam dafür, was andere brauchen.«

Wer Jodie heute fragt, erfährt, daß sie um nichts in der Welt hätte anders aufwachsen wollen. Obwohl sie sieht, daß ihr doch einiges abging: »Ich war schon 18, als ich endlich lernte, mich Leuten meines Alters anzuvertrauen. Bis dahin war Mutter meine beste Freundin. Sie ist es noch heute. Aber jetzt kann ich mit Gleichaltrigen reden.« Es fällt ihr jedoch immer noch nicht leicht. Und zum Schutz verbarrikadiert sie sich hinter einer gläsernen Wand, die jeder spürt, sobald es persönlich wird. Das geht sogar so weit, daß sie sich nicht von einer Frauenärztin behandeln lassen mag, weil sie glaubt, einem Mann mehr vormachen zu können. »Der kennt den weiblichen Körper ja nicht aus eigener Erfahrung.«

Brandy entwarf einen regelrechten Generalstabsplan, was die Karriere ihrer Jüngsten betraf. Ihr ging es nicht darum, daß Jodie schnell Geld machen sollte, sie dachte langfristig. Kinderstars spielen gegen die Zeit, für Jodie sollte die Zeit spielen. Und so sah diese sich auch nie als Kinderstar. Wehe dem, der sie so nannte. Das konnte sie auf die Palme bringen: »Ich habe geschauspielert, seit ich drei war, und ich kann das nicht mehr hören. Ich bin kein Kinderstar, sondern eine Schauspielerin, die Kinderrollen spielt. Kinderstars müssen nicht schauspielen können. Bei denen reicht es, wenn sie süß aussehen, Mama und Papa liebhaben und Lassie oder ihr Pferd umarmen.«

Rollen, in denen sie mit Pferdeschwänzchen und Tüllröckchen erscheinen sollte, kamen nicht in Frage. Jodie sollte von Anfang an ernst genommen werden. Und damit sie auch selbst nicht auf die Idee kam, wie Shirley Temple auftreten zu wollen, schleppte Brandy das Kind in alle möglichen Filme, die nichts mit Kindern zu tun hatten. Nachts gingen die beiden zum Beispiel in russische Filme oder italienische von Antonioni und Fellini. Um ein Uhr früh weckte Brandy dann die eingeschlafene Jodie, um nach Hause zu gehen. HEXENKESSEL von Scorcese mußte Jodie sich viermal ansehen. Und selbst DER LETZTE TANGO VON PARIS blieb dem Kind nicht erspart. Jodie damals in einem Interview: »Mutter und ich streiten uns oft. Sie will ausländische Filme sehen und ich die von Disney. Aber sie gewinnt immer, weil sie das Auto hat.« Bis zum 15. Lebensjahr hatte Jodie keine Ahnung, wer

Hitchcock war oder James Stewart. Ihre Lieblingsfilme waren ATEMLOS, THE 400 BLOWS und HIROSHIMA MON AMOUR.

Die Abhängigkeit von der Mutter, die Jodies Leben noch bis vor kurzem geprägt hat, beschreibt sie so: »Mutter weiß alles über mich. Nur so dumme Kleinigkeiten wie wenn der Gärtner nicht gekommen ist, halte ich vor ihr geheim. Es muß doch was geben, was sie nicht weiß.« Heute ist Brandy nicht mehr Jodies Managerin. Aber sie ist königlich belohnt worden für ihre Dienste. »Wir hatten schwere Zeiten, als ich älter wurde, und sie hat es verdient, alles zu kriegen, was sie sich immer gewünscht hat.« Jodie kaufte ihrer Mutter eine weiße Villa, die diese mit erlesensten Möbeln und Kunstgegenständen eingerichtet hat. Und mittlerweile scheint sich auch das Verhältnis von Mutter und Tochter normalisiert zu haben. Jodie: »Sie geht mir manchmal ganz schön auf die Nerven. Wir brüllen uns oft an. Sie sagt dann Gemeinheiten, und ich schreie zurück, beleidige sie.«

Ein Satz aus Jodies Teenagerzeit: »Ich liebe meine Mutter, es ist furchtbar, ohne sie zu sein. Ich möchte immer mit ihr zusammensein. Aber das ist blöd, schließlich ist sie meine Mutter. Und wer will schon ewig an seiner Mutter hängen – bis an sein Lebensende?«

2. Kapitel

Jodie hat die Nase voll

Filmen bis zum Umfallen

Movie-Sets sind mein Leben. Der einzige Platz auf der Welt, wo ich mich sicher fühle.
Jodie Foster

Acht Monate im Jahr verbrachte Jodie mit Filmen. Das hieß: Wenn die Sonne aufging, mußte sie aus dem Bett, wurde ans Set gebracht, saß in der Garderobe, ließ sich schminken, und dann wurde gefilmt. Kinder durften am Tag allerdings nur vier Stunden arbeiten, und gleichzeitig mußten sie die drei gesetzlich vorgeschriebenen Stunden Schulunterricht absolvieren, wofür meist die Drehpausen genutzt wurden. Mit einer Stunde Essenspause kam Jodie also auf einen ausgefüllten Acht-Stunden-Tag. Das war hart. »Scheiß-Essen runterschlingen, Blümchenkaffee trinken, schmutzig werden, müde sein und sich nie was anmerken lassen«, erinnert sie sich.

Brandy war in der Zwischenzeit auch nicht faul. Stets darum bemüht, neue Rollen für Jodie zu finden, las sie Dutzende von Drehbüchern. Aber sie war sehr wählerisch. Ihr ging es nicht um schnellen Reichtum, sie wollte ihrer Tochter etwas Bleibendes geben. Das Wichtigste war, daß Jodie nicht als der ewige »Tomboy« (Lausbub) gebucht wurde. Das Kind war etwas Besonderes und sollte besondere Rollen spielen. Deshalb schreckte Brandy auch nicht vor dem Risiko zurück, Jodie erfolglosen Off-Beat-Filmen, d. h. meist künstlerisch wertvolle, nicht kommerzielle (Low-Budget-)Filme, auszusetzen.

Filmen und zur Schule gehen waren nicht die einzigen Pflichten, denen Jodie sich klaglos unterwarf. Sie mußte auch Interviews geben, um ihre Filme zu promoten. Und Mutter war immer dabei. Natürlich. Sie beantwortete auch meist die Fragen, die Jodie gestellt wurden, und wies die Tochter oftmals vor anderen zurecht, wenn ihr eine Antwort nicht gefiel. Im gleichen Atemzug jedoch lobte sie Jodies Talent in den höchsten Tönen. Bei Journalisten war sie bald als hart, berechnend und ehrgeizig verschrien, als eine Frau, die ihr Kind bis an den Rand der Erschöpfung forderte.

Ihre eigenen Bedürfnisse hatte Brandy völlig auf Eis gelegt. Sie war nur noch für Jodie da. Sie begleitete ihre Tochter überallhin, half ihr beim Rollenlernen, kurz: Sie umhegte sie wie einen kleinen Star. Sie ließ die Außenwelt nicht an Jodie heran, nichts sollte sie ablenken oder verstören. Sie sollte ihre Energie nicht sinnlos verschwenden. Um ihre anderen drei Kinder machte sie sich keine Gedanken. Jodies Geschwister waren mittlerweile alt genug, um für sich selbst zu sorgen, fand sie. Buddy jedoch, dem nicht nur der Vater fehlte, fühlte sich jetzt auch noch von seiner Mutter verlassen. Obendrein war seine Filmkarriere zu Ende. Niemand wollte etwas von dem pickligen Jungen wissen, der nicht mehr Kind und noch nicht Mann war, sondern irgendwo dazwischen versuchte, seine Identität zu finden. Doch das sah Brandy nicht, oder sie wollte es nicht sehen.

Im Gegenteil, immer wenn sie mit ihm sprach, kritisierte sie ihn. Nichts konnte er ihr recht machen. Und als er sich schließlich in ein mexikanisches Mädchen verliebte, war Brandy außer sich vor Wut. Ihr Sohn und eine Mexikanerin? Unmöglich! Das kam nicht in Frage. Mit ihrem Protest trieb sie den Siebzehnjährigen jedoch in die Ehe mit seiner Freundin. Und damit fingen die Probleme erst richtig an. Buddy, der keine Berufsausbildung hatte, versuchte mit ständig wechselnden Jobs, seine Frau und sein Kind zu versorgen. Doch irgendwann ging der Samen des Zweifels, den Brandy gesät hatte, auf, und er glaubte zu erkennen, daß ihn und seine Frau Welten trennten. Als sie wieder schwanger wurde, ließ er sich scheiden. Die Ironie des Schicksals, daß er gerade jetzt – genau wie schon sein Vater – seine Familie verließ, deprimierte ihn noch mehr. Er kam sich vor wie ein Versager, der sich feige aus dem Staub machte – wie sein Vater.

Als er kurz darauf zum zweitenmal heiratete und gleich wieder Vater wurde, fühlte er sich überfordert. Seine Zukunft sah nicht rosig aus, von der Gegenwart ganz zu schweigen. Er war nicht mal dreißig, hatte keinen festen Job, aber drei Kinder, eine geschiedene Frau und eine Ehefrau, für die er sorgen mußte. Zu allem Überfluß drohte diese, ihn zu verlassen, wenn er nicht endlich mehr Geld nach Hause bringen würde. Buddy war verzweifelt. Er sah keinen Ausweg, wollte ganz einfach Schluß machen und besorgte sich einen Revolver. Zum Glück schoß er daneben.

Nach der zweiten Scheidung schwor er sich, nie wieder zu heiraten. Doch dann traf er Stacey, seinen Rettungsengel. Und nun wurde alles besser. Seine dritte Frau half ihm mit viel Liebe, Unterstützung und Verständnis wieder auf die Beine. Die beiden haben keine Kinder, aber seine drei aus den früheren Ehen sind oft bei ihnen zu Besuch.

Buddys Problemjahre hatten auch etwas Gutes, denn sie brachten ihn wieder mit seinem Vater zusammen. Lucius Foster, der mittlerweile eine eigene Baufirma hatte, gab seinem Sohn die Chance, noch einmal von vorn anzufangen. Er stellte ihn ein, und Buddy enttäuschte ihn nicht. Im Gegenteil, er lernte, was es zu lernen gab, und machte sich selbstständig. Der gute Kontakt zu seinem Vater hat jedoch einen weiteren Keil zwischen ihn, Brandy und seine Schwestern getrieben. Das wollen sie ihm nicht verzeihen.

Jodies erster Kinofilm, und beinahe auch ihr letzter, war NAPOLEON & SAMANTHA, ein sentimentales Disney-Spektakel mit Löwen. Jodie spielt einen Wildfang, der versucht, zusammen mit einem Freund einen Löwen aufzuziehen. In einem Interview mit Andy Warhol erzählte die Vierzehnjährige später: »Es gab zwei Löwen, einen Stand-in*, Zambo, und den Star, Major. Major war schon 25 Jahre alt und hatte keine Zähne mehr. An einem Tag war es schrecklich heiß, und er wollte nicht mehr. Außerdem war es nach vier Uhr nachmittags, und später als drei Uhr soll man nicht mehr mit Löwen arbeiten. Trotzdem, die Szene mußte in den Kasten, und man nahm Zambo. Er wurde mit einem starken Drahtseil den Berg raufgezogen, sonst wäre er nicht mitgekommen, und ich ging vor ihm her. Na ja, ich war wohl zu langsam, was auch immer, jedenfalls biß er zu.« Andy Warhol wollte wissen, ob sie Disney verklagt hatte. Sie verneinte, sie hatte ihnen nur die Krankenhausrechnungen zugeschickt.

Der Löwe hatte Jodie an der Hüfte gepackt, sie hochgehoben und hin und her geschüttelt. »Ich dachte, es sei ein Erdbeben«, erinnert sie sich. »Ich sah mich um, doch statt mir zu helfen, lief jeder weg.« Der Löwentrainer befreite sie schließlich. Noch heute erinnern sie Narben an diesen Unfall. »Ein süßes Grübchen auf dem Rücken.« An die Schmerzen und daß sie nach Portland ins Krankenhaus geflogen wurde, erinnert sie sich nicht mehr. Sie weiß nur, daß sie zwei Wochen später wieder auf dem Set war, um weiterzuarbeiten. »Meine Mom überließ es mir, aber ich glaube, es war ihr wichtig, daß ich weitermachte. Und das war auch richtig so. Man soll doch auch wieder aufs Pferd, das einen runtergeworfen hat, nicht?«

---

* Stand-In = Jemand, der für Beleuchtungsproben und andere Aktivitäten, die man dem Star nicht zumuten mag, eingesetzt wird.

Neben ihrer Filmkarriere arbeitete sie weiterhin fürs Fernsehen. Aber die Rollen waren allesamt keine Herausforderung für sie. Jodie spielte einfach sich selbst. In ROUND UP war sie das vernachlässigte Kind einer Rollschuhwettläuferin, gespielt von Raquel Welch. Und in EIN KAMEL IM WILDEN WESTEN hatte sie eine kleine Rolle als Tochter einer Witwe. Sie spielte die Rolle der Becky in einer Musicalversion von Mark Twains TOM SAWYER. Da ihre Stimme jedoch nicht ausgebildet war, sang jemand anders ihren Part, sehr zu ihrem Mißfallen. Jodie wollte alles selbst machen, und es paßte ihr nicht, daß man ihre Stimme nicht für gut genug befand. Die Presse, die sie sonst ziemlich verschont hatte, äußerte sich zum erstenmal kritisch: »Ihre Vorstellung ist sehr charmant, aber ihr fehlt das Kindliche. Sie wirkt wie eine, die mindestens doppelt so alt ist.« Schuld daran war vor allem »ihre« Stimme, die für ein Kind viel zu tief war. Wer nicht hinsah, dachte, da spricht eine erwachsene Frau.

Jodie drehte einen Film nach dem anderen und schien das alles mit links wegzustecken. Leute, die sie damals beobachteten, fanden das auch in Ordnung, sahen ihre Kindheit und Psyche nicht gefährdet. Erstens handelten Disney-Filme sowieso von Kindern – sie blieb also in ihrer Welt – und zweitens war sie ein überdurchschnittlich intelligentes Kind. Eines, das einfach mehr gefordert werden wollte. Sie gab sich nicht nur mit dem Spielen zufrieden, sie wollte auch wissen, wie der Regisseur arbeitete, der Kameramann und der Beleuchter. »Wenn mir was zugestoßen wäre, hätte sie spielend meinen Job übernehmen können«, sagt Alan Parker, Regisseur von BUGSY MALONE. »Ihr Zeitgefühl und ihre Erfahrungen waren super.«

Wenn Jodie nicht vor der Kamera stand, blödelte sie über das Set und brachte jeden zum Lachen. Das gefiel ihr am besten. Sie konnte aber auch anders. Während der Dreharbeiten zu ALICE LEBT HIER NICHT MEHR rastete sie einmal aus. »Dieser bescheuerte Produzent wollte, daß ich meine Schulter zeige. Ich fand, daß er verrückt war, und sagte ihm, er solle den Mund halten.« In den Film sollten Sex und Gewalt mit eingebaut werden, fanden die Geldgeber, aber als man Jodie das mitteilte, fing sie an zu heulen. »O. k., ich bin jung, da kann das schon mal passieren. Das hat mich furchtbar aufgeregt«, entschuldigte sie später ihren emotionalen Ausbruch.

Mit elf, zwölf und dreizehn drehte Jodie Filme wie

ALICE LEBT HIER NICHT MEHR, wo sie ein gewieftes Kind von der Straße spielte, oder das Gangster-Musical BUGSY MALONE in dem sie die raffinierte, ausgekochte Gangsterbraut Tallulah darstellte. Den Film fand sie allerdings weniger umwerfend, denn das Musical war nur mit Kindern besetzt. »Kinder lernen zwar schnell, aber sie haben einen anderen Rhythmus. Es macht mich verrückt, wenn ich stundenlang warten muß.« Jodie war ein richtiges Ekel bei den Dreharbeiten. Sie lachte, wenn die Kinder – viele von ihnen standen zum erstenmal vor der Kamera – ihren Text vergessen hatten, und stöhnte ungeduldig, wenn sie nicht standen, wo sie stehen sollten. Das Ganze war für sie vertane Zeit, und obendrein haßte sie es, geschminkt zu werden. »Ich verstehe nicht, wieso die Mädchen so heiß auf Make-up sind. Die denken, daß sie damit so weltgewandt erscheinen, dabei sieht das einfach nur dumm aus. Richtig blöd. Außerdem macht es sie viel älter. Ich möchte so lange wie möglich Kind bleiben.« Einem Reporter verriet sie allerdings, daß sie sich selbst nicht leiden mochte. »Ich habe eine Lücke zwischen den Zähnen, eine häßliche Nase und blonde Augenbrauen – das ist nun wirklich das Allerschlimmste auf der Welt! Meine Augen sind merkwürdig geformt, meine Wangen zu dick, und dann habe ich auch noch glattes Haar. Entsetzlich!«

All diese Schönheitsfehler machte sie mit ihrem unerschütterlichen Selbstbewußtsein wett. In einem Radiointerview sagte sie: »Ich würde Dreizehnjährigen nicht empfehlen, Schauspieler zu werden. Es sei denn, sie sind außergewöhnlich talentiert.« Weiter prahlte sie vor Journalisten: »Ich bin davon überzeugt, daß ich Star-Qualität besitze. Ich bin mir zwar nicht bewußt, wie ich das mache, aber es gibt Leute, die das gewisse Etwas vor der Kamera haben, und ich scheine dazuzugehören.«

Alan Parker war so von ihr begeistert, daß er sie gar nicht genug loben konnte: »An einem Morgen, sie war gerade in der Maske, gab ich ihr ein paar neue Drehbuchseiten, die ich über Nacht geschrieben hatte. Ich sagte, sie solle sich Zeit lassen und mir Bescheid geben, wenn sie ihre Zeilen wüßte. Doch sie nahm die Seiten, las und sagte ›fertig‹. Ich glaubte ihr nicht, aber sie sagte ›prüf' mich doch‹. Und tatsächlich, Jodie konnte alles auswendig. Sie hat ein absolut fotografisches Gedächtnis. Fantastisch!« Er war auch von ihrer Darstellungskunst begeistert. »Ich mußte ihr nichts erklären, ich sagte nur, daß sie eine Mischung aus Lauren Bacall und Mae West spielen sollte, und es ging klar.« Für jemanden wie Jodie, die ihre Freizeit in Kinos verbrachte, war das kein Problem.

In DAS MÄDCHEN AM ENDE DER STRASSE spielte Jodie eine Mörderin, die jeden um die Ecke bringt, der ihr zu nahe kommt. Aber das alles berührte sie nicht. »Schauspielern ist nur ein Job und ein einfacher noch dazu. Ich werde nicht nervös oder so. Ich bin ganz cool, wenn ich vor der Kamera stehe – ist das nicht jeder?« Ziemlich große Worte für ein Kind. Nur, Jodie war eben kein gewöhnliches Kind, sondern ein ziemlich erwachsenes. Und so fand Brandy auch nichts

Ungewöhnliches dabei, der Dreizehnjährigen die Rolle einer Kinderprostituierten in TAXI DRIVER zuzumuten.

Im Gegensatz zur Öffentlichkeit allerdings. Das »Los Angeles Board for Welfare and Education« stellte sich auf die Hinterbeine. Diese Institution ist der moralische Zeigefinger für alles, was jugendliche Schauspieler betrifft. Nach einem Rechtsstreit einigten sich alle Beteiligten darauf, daß Jodie in sexuell anzüglichen Szenen von einem älteren Mädchen gedoubelt werden sollte. In diesem Fall von ihrer zwanzigjährigen Schwester Constance. Außerdem mußte sie sich einem vierstündigen Test bei einem Psychiater unterziehen, der ihre geistige Stabilität prüfen sollte. Das brachte die besorgte Öffentlichkeit aber noch mehr auf die Palme. Brandy war es, die sich testen lassen sollte. Eine Mutter, die ihre Tochter so eine Rolle spielen läßt, kann ja wohl nicht ganz richtig im Kopf sein. Jodie verteidigte die Mutter: »Mom denkt, daß ich alt genug bin, die Rolle zu übernehmen, und ich finde das auch. Ich bin mir allerdings bewußt, daß nicht viele Dreizehnjährige in der Lage dazu wären.«

Jodie nahm das Ganze reichlich gelassen: »Die dachten, daß ein Kind, das eine Nutte spielen wollte, schon einen Knacks weghaben müßte. Ich habe zwar lange überlegt, ob ich die Rolle annehmen soll, aber ich konnte die Gelegenheit, mit Robert De Niro zu spielen, doch nicht an mir vorbeigehen lassen.« Sie verstand nicht, wieso die Erwachsenen so eine große Sache daraus machten, daß Kinder was über Sex erfahren könnten. »Die meisten von uns wissen ohnehin, wie's läuft, wenn sie zehn sind. Und wer wie ich um die Ecke vom Sunset Strip lebt, mit all den Massageläden und den männlichen und weiblichen Nutten, die da rumspazieren, kennt das doch.« Der kleine Neunmalklug ging sogar noch weiter: »Ich bin der Meinung, daß Bordelle legalisiert werden sollen. Wenn die Männer dahin wollen, laß sie. Diese blöden Erwachsenen. Denken, daß wir nur über Sex reden, wenn wir flüstern. Dabei sind sie es, die davon besessen sind.«

Der Test beim Psychiater war lachhaft, fand sie. »Ich mußte eine Menge dummer Fragen beantworten. Zum Beispiel, ob ich meine Freunde mag, was ich am liebsten esse und ob ich ins Kino gehe.« Ihre Lieblingsfilme zu der Zeit: CINDERELLA, FRANKENSTEIN JUNIOR und der MANN VON LA MANCHA.

Martin Scorcese, der Jodie bereits für seinen Film ALICE LEBT HIER NICHT MEHR gebucht hatte, war seitdem von Jodie fasziniert. »Als sie für ALICE zum Vorsprechen kam, traute ich meinen Augen und Ohren nicht. Da spazierte dieses kleine Mädchen rein, das aussah wie ein Junge und eine tiefe Stimme hatte wie Lauren Bacall. Ich konnte mich kaum halten vor Lachen. Das war zu komisch.« Für ihn war klar, daß Jodies Persönlichkeit nicht unter der neuen Rolle leiden würde. Dazu erschien sie viel zu abgeklärt. Außerdem wurden die Szenen für den Film nicht nacheinander gedreht, sondern erst später zusammengeschnitten. Jodie hatte keine Ahnung, worum es im einzelnen ging. »Als wir die einschlägigen Szenen drehten, sorgte ich mich mehr um die Erwachsenen. Jodie macht genau das, was man von ihr verlangt. Sie ist ein Naturtalent. Es macht Spaß, mit ihr zu drehen.« Besonders erotisch war die Szene in einem Café, wo sie Zucker auf einen mit Marmelade bestrichenen Toast streuen soll. »Das machte sie so routiniert, einfach genial«, erinnert er sich.

Für die Rolle der Iris drehte man ihr die Haare auf Lockenwickler, malte ihr Gesicht an und steckte sie in knappe Hot pants. »Ich konnte nicht glauben, wie mein Kind aussah«, staunte Brandy, »plötzlich hatte sie Beine. Und was für welche!« Sie war aber froh, als Jodie später wieder die alte war, die Kleine mit der großen Persönlichkeit. Als Vorbereitung auf die Rolle sollte Jodie sich mit einer einer echten Nutte von der Lower East Side in New York unterhalten. Die war ihr aber keine Hilfe, denn »die war voller Klischees«.

Also nahm Robert De Niro sich seines jungen Co-Stars an, allerdings auf seine Art: Er ging mit ihr in Cafés und ignorierte sie dann. Das verwirrte sie anfangs total. Sie kochte innerlich, ihre Haut begann zu jucken, sie rutschte unsicher auf ihrem Stuhl hin und her und blickte hilflos in die Gegend. So hatte sie bisher noch niemand behandelt. Für ein kleines Mädchen mit großem Ego war Gleichgültigkeit das Schlimmste, was ihm passieren konnte. Wieso übersah er sie? Was hatte sie falsch gemacht? Doch nach und nach fühlte sie sich sicherer und fing an, dasselbe zu tun.

De Niro redete nur mit ihr, wenn sie Dialoge probten. Sie gingen das Drehbuch immer und immer wieder durch, bis es ihr zum Hals raushing. Erst später, beim Filmen, erkannte sie, wozu das Ganze gut war. Er wollte ihr Selbstbewußtsein aufbauen, sie sicher machen, damit sie jeder Situation gewachsen war. Und es funktionierte. Sie konnte ihre Sätze wie im Schlaf. Und als er vor der Kamera anfing, zu improvisieren, hatte sie keine Schwierigkeiten mitzuhalten. »Das war einfach, ich wußte ja, worum es ging.« Ihre Darstellung war so überzeugend, daß sie ihr eine Oscarnominierung für die beste weibliche Nebenrolle einbrachte.

Als sie das erfuhr, kamen ihr allerdings Zweifel. »Es gibt so viele erwachsene Schauspieler, die schon ewig filmen und noch nie einen Oscar gewonnen haben. Da scheint es unfair, ihn einem Kind zu geben. Wenn ich siebzig bin, o. k., dann können sie ihn mir meinetwegen überreichen und sagen, hier, der ist für TAXI DRIVER.« Aber natürlich fühlte sie sich geschmeichelt. Sie wußte genau, daß ein Oscar ihren Marktwert steigern würde. »Ich will zwar nicht wie eine Geschäftsfrau klingen, aber wenn ich ihn bekomme, kann ich mehr Geld verlangen. Allerdings, so toll der Oscar auch ist, er bringt mich sonntags auch nicht an den Strand. Ein Auto wäre mir lieber.«

Mit TAXI DRIVER erlebte Jodie einen Wendepunkt in ihrer jungen Karriere: »Zum erstenmal verlangte man von mir, einen Charakter zu kreieren, der mit mir selbst nichts zu tun hatte. Ich spielte ja bereits seit zehn Jahren und hab' mich oft gefragt, warum ich das eigentlich mache.« Für sie waren das bloß immer Rollen, sie fühlte nie, was die Leute, die sie spielte, empfinden sollten. Jetzt erkannte sie, daß Filmen nicht nur ein anstrengendes Hobby war, etwas, das man einfach tat. Sie merkte, daß eine Menge Handwerk dazugehörte. Wenn sie während der Dreharbeiten abends nach Hause gekommen war, fühlte sie eine nie gekannte Zufriedenheit, wußte, daß sie etwas erreicht hatte. Auf die Frage, wieso sie so gut war, kam selbstbewußt: »Die meisten Regisseure wollen, daß man immer nur dasselbe spielt. Aber bei Marty (Martin Scorcese) durfte ich plötzlich kreativ sein.«

Der Film erzählt von dem Taxifahrer Travis Bickle, einem ehemaligen Vietnam-Soldaten, der sich in der Welt nicht mehr zurechtfindet. Sie erscheint ihm zu obszön. Am Ende rasiert er sich den Schädel wie ein Mowhawk-Indianer und belädt sich mit Gewehren und Messern für seinen letzten großen Auftritt, das Attentat auf den Präsidenten. Iris gegenüber, der Kindernutte vom Straßenstrich, gespielt von Jodie, ist er jedoch fürsorglich. Er versucht sogar, sie da rauszuholen.

Die Story dieses Films sollte später Wirklichkeit werden. Der geistig verwirrte John Hinckley schoß auf den amerikanischen Präsidenten Ronald Reagan, um Jodie seine Liebe zu beweisen. TAXI DRIVER hatte ihn so stark beeindruckt, daß er ihn immer wieder ansah, bis er sich selbst wie Travis Bickle fühlte.

Die Presse stürzte sich nach der Premiere auf Jody Foster wie die Geier. Man wollte unter anderem wissen, was sie von Kinderprostitution hielt und vom kalifornischen Schulprogramm. Jodie stöhnte und sagte: »Einige dieser Fragen sind ziemlich dumm. Ich bin doch nur ein Kind. Wer will schon meine Meinung hören? In einer Rolle, die ich mal spielte, steht das Mädchen morgens immer mit geballten Fäusten auf. Allmählich ist mir auch danach zumute. Filmen ist nur ein Job. Das ist alles. Warum geben mir alle nur dieses Gefühl, daß ich irgend so ein Freak bin?«

Gerüchte machten die Runde, daß man Jodie zu Studienzwecken in New York auf den Strich geschickt hätte. Jodie verteidigte sich: »Ich bin kein ›method actor‹, ich hatte nicht eine einzige Stunde Schauspielunterricht in meinem Leben. Ich spiele aus dem Bauch raus, reiner Instinkt. Man muß den Charakter nicht fühlen und dafür jahrelang Studien betreiben. Das ist albern. Vielleicht würde ich es tun, wenn ich Heinrich den VIII. spielten sollte, aber sonst?«

BUGSY MALONE und TAXI DRIVER waren die Hits auf dem Filmfestival in Cannes 1976 und Jodie

selbst auch. Sogar die Franzosen waren hingerissen von der Kleinen, die nicht nur schauspielern konnte, sondern auch noch fließend französisch sprach.

Im Gegensatz zu ihren etwas ausgefallenen Rollen war Jodie im richtigen Leben immer noch ein Kind. Die Fünfzehnjährige sah eher aus wie der Junge von Gegenüber als ein junges Mädchen. Sie trug selten Kleider, sondern überwiegend Jeans, T-Shirts und Turnschuhe oder Cowboystiefel. Kleider anzuziehen war die schlimmste Strafe für sie. Auch einkaufen gehen. Das hat sich bis heute gehalten – je weniger Klamotten sie hat, desto besser. Ideal wäre es, wenn alles in einen Koffer paßte, damit sie immer mobil ist. Sie legt allerdings, wie könnte es anders sein, Wert auf Qualität. Ihre Pullover sind aus Kaschmir, und die Jeans sind von teuren Designern. Früher kam Brandy meist mit einem Stapel Hosen, Hemden und Pullovern an, und Jodie sollte sich was aussuchen. Sie haßte alles, aber akzeptierte die Auswahl, die die Mutter schließlich für sie traf. »Ich zieh' nur Sachen an, in denen ich mich wohl fühle. Mode ist mir egal. Ich geh' sowieso nicht mit Jungs aus. Ich hasse Jungs.«

Daran scheint sich auch heute nicht viel geändert zu haben, denn Jodie ist mit ihren 33 Jahren noch nie mit einem Mann in Verbindung gebracht worden. Sie läßt sich zwar gern zu offiziellen Anlässen von schönen Männern begleiten, aber das ist eher ein Freundschaftsdienst, hat mit Verliebtsein nichts zu tun. Und auch ihr Verhältnis zur Mode hat sich nicht geändert. Nur, jetzt werden die geliebten Jeans ab und zu mit Hosenanzügen von Armani ausgetauscht und die T-Shirts mit damenhaften Seidenblusen. Ihr Stil ist entweder sportlich oder klassisch bis schlicht. Die Farbskala liegt eher auf der gedeckten Seite. Lieblingsfarbe: Schwarz.

Die Filme, die sie nach TAXI DRIVER drehte – allesamt keine Meisterwerke – wurden von den Kritikern trotzdem näher unter die Lupe genommen und ihr Talent hoch gelobt. Der bereits 1975 produzierte Film ECHOS EINES SOMMERS, in dem sie ein sterbendes Mädchen spielt, fand viel Bewunderung, ebenso EIN GANZ VERRÜCKTER FREITAG. Die Geschichte einer Dreizehnjährigen, die sich wünscht, ihre Mutter zu sein, ist ziemlich komisch. Der Zufall will es, daß die Mutter sich das gleiche umgekehrt wünscht, und – plopp – die Rollen sind vertauscht. »Es ist leicht, langweilig zu spielen«, sagte Jodie über ihre erste Erwachsenenrolle, »sie ist eine echte Schlampe, damit kann ich mich gut identifizieren.«

In ABENTEUER AUF SCHLOSS CANDLESHOE war sie wieder die alte, der »Tomboy« (Lausbub) vom Dienst. Jodie spielt darin eine clevere Straßengöre aus Los Angeles, die in England versucht, als lang verlorengeglaubte Enkelin ihre Großmutter, eine reiche Gräfin, zu beerben. Helen Hayes, die die Gräfin spielte: »Sie gab sich ungeheuer cool und abgebrüht. Wie ein Profi. Aber ich durchschaute sie. Mir konnte sie nichts vormachen. Als ich zum Film kam, war ich ja nicht viel älter als Jodie, und ich erinnerte mich, daß es eine große Belastung war.« Als die Dreharbeiten anfingen, merkte Helen, wie zugeknöpft Jodie war. Das Kind tat ihr leid, und sie versuchte, Jodie etwas aufzulockern. »Ich sagte ihr, daß ich etwas nervös sei und merkte, wie sie erleichtert aufatmete und gestand, daß sie auch aufgeregt sei.« Zum erstenmal durfte Jodie sich Schwäche eingestehen und war dankbar dafür.

An die Dreharbeiten in England erinnert Jodie sich allerdings nicht gern. Nicht nur, weil sie in einigen Szenen Kleider tragen mußte. »Ich hätte mich beinahe übergeben«, sagte sie, »ich hasse Kleider.« Der Hauptgrund lag woanders. Brandy hatte zum erstenmal eine Art eigenes Leben für sich entdeckt. Sie traf sich mit Freunden und genoß die Zeit auch ohne Jodie, die ja filmen mußte. Und prompt zog Jodie sich zurück. Sie war eifersüchtig. »Mom sah richtig toll aus und war glücklich, aber ich fand mich total häßlich.« Jodie fühlte sich verraten und allein gelassen, was natürlich Unsinn war. Brandy war noch lange nicht soweit, ihr Vögelchen allein fliegen zu lassen.

Es hätte so schön sein können, die Gegend in Warwickshire war traumhaft, mit einem alten Schloß mit riesigem Park und alten Bäumen. Es sah so aus wie die Schlösser, die sie früher mit den Geschwistern und der Mutter in den Buchläden bestaunt hatte. Wenn nicht gefilmt wurde, war Brandy da für Jodie und schleppte sie in Museen und ins Memorial Theater nach Stratford, um ein Shakespeare-Stück zu sehen. TROILUS UND CRESSIDA stand auf dem Programm. Aber Jodie revoltierte. Ihr Kommentar: »Das zählt nicht unbedingt zu seinen besten Stücken.« In London, wo auch gedreht wurde, wohnten sie in einem Apartment in

Pimlico, hinter der Victoria Station. Auch hier wieder verzog sie das Gesicht: »Die Wohnung ist nett, aber die Umgebung ist furchtbar.«

Anschließend ging es nach Frankreich, wo Jodie FETZIG, FREI UND ENDLICH HIGH drehte, einen Film über ein Fotomodell und ihre Schwester, die noch die Schulbank drückt. Regisseur Eric Le Hung: »Jodie ist die einzige, die die Rolle einer Vierzehnjährigen spielen kann, die nicht auf die Schnauze gefallen ist, und dabei das Herz und den Körper einer Jungfrau hat.« Hier lebte Jodie wieder auf. Ein Teil wurde in Nizza gedreht, der Rest in Paris, wo Brandy und sie ein Apartment auf der Île St-Louis mieteten. Jodie war schon öfter in Frankreich gewesen und hielt auch nicht mit ihrer Meinung über die Franzosen hinter dem Berg. Sie fand sie entsetzlich chauvinistisch. »Ich mag

die Menschen hier, aber es ist unglaublich, wie humorlos sie sind. Wenn man zu einem Abendessen eingeladen ist, reden die Jungs nur über Politik und die Mädchen nur über Klamotten.«

Ein kleiner Ausflug nach Rom folgte, wo sie den Film IL CASOTTO drehte. Nach einem ausführlichen Essen schlenderte Jodie eines Abends mit der amerikanischen Schauspielerin Sydney Rome, die sie bei den Dreharbeiten zu FETZIG, FREI UND ENDLICH HIGH kennengelernt hatte, Arm in Arm durch die Straßen. Ein Fotograf nutzte die Gelegenheit, und das Ganze wurde als lesbische Freundschaft in der Regenbogenpresse breitgetreten. Doch Jodie stand über den Dingen, es juckte sie nicht im mindesten, im Gegensatz zu ihrer PR-Beraterin in Los Angeles. Doch man beschloß, nichts zu unternehmen. Das würde alles nur schlimmer machen.

In ihrem Zimmer zu Hause in Los Angeles, das mit Büchern vollgestopft war, stapelten sich die Preise, die sie inzwischen gewonnen hatte. Eine stolze Sammlung. Mit fünfzehn hatte sie den National Critics' Award, den Los Angeles Critics' Award, den New York Critics' Runner-up Award, zwei Italian Critics' Awards, den Golden Globe Award und eine Oscarnominierung erhalten. In einer Ecke lagen Zeitungen und Zeitschriften, die Artikel über sie enthielten. Sie las alles, was über sie veröffentlicht wurde, weil sie sichergehen wollte, daß es auch stimmte. »Ich hatte noch nie schlechte Kritiken. Obwohl, einmal schrieb einer, ich hätte ein großes Mundwerk.«

Die letzten beiden Filme, die Jodie drehte, während sie noch auf das Lycée ging, waren JEANIES CLIQUE und JAHRMARKT. Im ersten spielt sie die Anführerin einer Mädchengruppe, die mit ihrer alleinstehenden Mutter zusammenlebt. Die Mädchen gehen durch die Hölle der Pubertät. Kein Superhit, aber die Medien ereiferten sich über die negative Ausstrahlung. »Wir sind keine schrecklichen Kinder, die nur Pott rauchen und herumfreaken. Der Film handelt davon, wie schwierig es ist, heil und gesund das einundzwanzigste Lebensjahr zu erreichen«, verteidigte Jodie den Film.

In JAHRMARKT spielt sie Donna, eine einsame und gelangweilte Kellnerin, die sich in einen Typen vom Jahrmarkt verliebt und mit dem bunten Volk über Land zieht. Sie schläft aber nicht nur mit ihm, sondern auch mit seinem besten Freund. Die Rolle war für eine Frau in den Zwanzigern geschrieben, aber Jodie, gerade siebzehn Jahre alt, überzeugte alle.

Mit der Filmerei hätte es nun so weitergehen können, aber Jodie wurde nachdenklich. Sie hatte das Lycée Française abgeschlossen und stand vor einem neuen Lebensabschnitt. Das kann doch nicht alles gewesen sein, dachte sie, es muß noch etwas anderes geben als Filmen. Etwas, das sie ausfüllte. Sie hatte diesen Durst nach mehr, genau wie Brandy einst. Nur, sie war in der Lage, sich das finanziell leisten zu können. Und die Achtzehnjährige traf eine Entscheidung, die viele überraschte: Sie meldete sich für das College an. Eine Ausbildungspause würde ihr und ihrer Entwicklung guttun.

Auf nach Yale

Viele Leute sagen: »Du warst auf dem College, und jetzt glaubst du, daß du alles weißt. Ha! Seit ich auf dem College war, weiß ich, daß ich nicht alles weiß. Als ich von der High-School abging, dachte ich, ich wüßte alles.
Jodie Foster

Als Jodie nach Yale ging, hatte sie nur den einen Wunsch: eine von vielen zu sein. Die Schauspielerin mit der Oscarnominierung wollte untertauchen im Meer der Yalies. Hier war jeder etwas Besonderes, hier würde sie nicht auffallen. Und für einen Moment gelang ihr das auch. Mit einer elektrischen Schreibmaschine, einer Leselampe und einem Stapel Lacoste-Hemden kam sie in New Haven, Connecticut, an, um Literatur zu studieren. Endlich würde sie ein richtiges Zuhause haben. Einen Ort, an dem sie länger blieb als nur höchstens drei Monate am Stück wie bisher. Endlich würde sie Gelegenheit bekommen, Freundschaften zu schließen und zu pflegen.

»Wenn ich in L. A. geblieben wäre, wäre ich wahrscheinlich neurotisch geworden. Das Studium war meine Rettung und eine wunderbare Erfahrung für mich. Ich brauchte Leute in meinem Alter, die klug waren, mit denen ich mich unterhalten konnte. Und ich merkte, daß es o. k. war, anders zu sein.« Es war sogar besser, fand sie. Von anderen verstanden zu werden war nicht das wichtigste im Leben. Und es befreite, wenn es einen nicht mehr kümmerte.

Trotzdem hatte sie Angst, daß man sie ausschließen könnte. Und sie tat alles, damit man sie mochte. Besuchte jedes Ballspiel, ging auf jede Party, verteilte Programme auf einem Bonnie-Raitt-Konzert, war sich für nichts zu schade. Jeder sollte sehen, daß sie ganz normal war und keine Hollywood-Allüren hatte. Typisch Jodie übertrieb sie wieder. Aber sie merkte bald, daß sie auch mit weniger Aufwand akzeptiert wurde.

Die alte Jodie jedoch, die mit 18 bereits 15 Jahre im Showbusineß war, die wußte, wie man in der Polo Lounge im berühmten Beverly Hills Hotel ein Meeting mit Produzenten und Regisseuren abhielt und wie man mit Journalisten umgeht, war innerlich anfangs zerrissen. Nach ihrer außergewöhnlichen Kindheit hatte sie zwar das dringende Bedürfnis nach einem ganz normalen Leben mit Beständigkeit, aber – wie machte man das? Und sie fiel in ein tiefes Loch, denn plötzlich wurde ihr bewußt, daß sie allein war. Allein und ohne Drehbuch, das ihr vorschrieb, was sie zu tun hatte. Auch gab es jetzt keine Mutter mehr, die sie vor der Welt abschirmte. Jodie mußte improvisieren, sich vortasten wie eine Seiltänzerin, damit sie nicht abstürzte. Und sie fand den für sie einzigen Weg, der ihr vertraut war: Sie arbeitete mit der Besessenheit einer, die Angst vor der Leere des Nichtstuns hat.

»Die Zeit war wichtig für mich, aber auch hart. Ich hatte nie frei. Entweder arbeitete ich für meine Examen oder machte PR für Filme, die ich in den Ferien gedreht hatte. Und ich vermißte meine Mutter. Aber ich mußte mir keine Sorgen um die Steuern machen und wer was über wen in Hollywood sagte.«

Bisher war es ihr immer gelungen, sich spielend ihrer Umgebung anzupassen. Aber jetzt wollte sie nicht mehr. Sie stellte sich der Herausforderung und verlor allmählich die Angst vor dem Neuen. Äußerlich drückte sich ihr neuer Lebensstil vor allem in ihrer Kleidung aus. Sie trug unförmige Schlabberhosen und weite T-Shirts, mit denen Brandy sie nie auf die Straße gelassen hätte. Völlig zerknittert und nicht immer ganz sauber. Auch ihr Haar, das jetzt kurz war, wusch sie selten. Jodie steckte mitten drin in einer Trotzphase, mit der sie ihre lebenslange Kontrolle abzuschütteln versuchte. Sie trank Tequilla und wachte morgens mit einem Kater auf, lernte Tanzen, warf mit Wasserballons auf Leute und sang laut auf der Straße. Nächtelang philosophierte sie mit ihren Kommilitonen und hatte Spaß an deftigen, schmutzigen Ausdrücken. Jodie ließ nichts aus, wollte allen beweisen, daß sie keine Extrawurst brauchte.

Ihre Haut wurde pickelig von dem ungesunden Essen, den nächtlichen Schokolade- und Pizzagelagen, von zuwenig Schlaf. Doch das kümmerte sie nicht, sie war so glücklich wie noch nie. Plötzlich stellte sie ihre ganze Filmkarriere in Frage, wollte für immer in Yale bleiben, für immer mit Gleichaltrigen zusammensein und literarischen Erleuchtungen nachgehen. Die Erinnerung an die Garderobe auf dem Set oder im Wohnwagen, wo jeder sie Miss Foster nannte, erschien ihr fremd und unnatürlich. Auf einmal hatte sie keine Lust mehr, Telefonanrufe zu beantworten. Vor allem die von ihrer Mutter und ihren Rechtsanwälten. »All die kleinen Notizzettel mit den Nachrichten drauf erinnerten mich daran, daß ich immer noch ihnen gehörte und ihren scharfen Blicken, ihrer Kontrolle ausgesetzt war.« Kurzerhand zerknüllte sie ihre Vergangenheit und warf sie in den Papierkorb.

Das Attentat

Sein Verbrechen war, daß er Liebe und Besessenheit mit-einander verwechselte. Die Erniedrigung der Liebe werde ich ihm nie verzeihen.
Jodie Foster

»Ich schlenderte Hand in Hand mit einer Freundin über den Campus, als jemand auf uns zurannte und rief, habt ihr schon gehört? Auf Präsident Reagan ist geschossen worden.« Irgendwie war ihr das aber egal. Erst am späten Abend erfuhr Jodie, wer der Attentäter war. Und es dauerte nicht lange, da erfuhr die ganze Welt, warum er es getan hatte.

Man schrieb den 1. März 1981, als John Wardock Hinckley Jr. mehrere Schüsse auf den Präsidenten der Vereinigten Staaten abfeuerte. Reagan verließ gerade das Hilton Hotel in Washington, als sich eine Kugel in einen seiner Lungenflügel bohrte. Sein Pressesprecher, James Brady, ist ebenfalls getroffen worden. Er sollte für immer gelähmt bleiben. Außerdem waren noch zwei Sicherheitsbeamte verwundet worden.

Der Name John Hinckley war Jodie nicht unbekannt. Im Gegenteil, er war ihr nur allzugut in Erinnerung. Seit Monaten hatte dieser Hinckley sie telefonisch belästigt und ihr Briefe geschrieben, in denen er um ein Treffen bat, weil er unsterblich in sie verliebt sei. Es dauerte nicht lange, da war die Verbindung zwischen dem Attentäter und Jodie Foster hergestellt. In seinem Hotelzimmer hatten FBI-Leute mehrere Tonbandaufnahmen von Telefonaten mit John und Jodie gefunden, Briefe an sie und Fotos von ihr. In einem der Briefe stand:

»Liebe Jodie.

Es kann passieren, daß ich bei meinem Attentat auf Präsident Reagan selbst getötet werde. Deswegen schreibe ich Dir heute. Wie Du bereits weißt, liebe ich Dich sehr. In den letzten sieben Monaten habe ich Dir darum Dutzende von Gedichten und Briefen zukommen lassen, in der Hoffnung, Du würdest Dich für mich interessieren.

Obwohl wir ein paarmal miteinander telefoniert haben, habe ich mich nie getraut, mich Dir persönlich vorzustellen. Neben meiner Schüchternheit gab es aber noch einen anderen Grund: Ich wollte Dich nicht belästigen. Ich weiß, daß all die kleinen Zettel, die ich unter Deiner Tür durchgeschoben habe, und die, die in Deinem Briefkasten gelandet sind, Dich genervt haben. Aber das war für mich der schmerzloseste Weg, Dir mitzuteilen, wie sehr ich Dich liebe. Jetzt, wo ich weiß, daß Du meinen Namen kennst und auch weißt, was ich für Dich empfinde, fühle ich mich wohl.

Ich weiß auch, daß meine Post Anlaß für Spott ist. Ich bin sehr oft in Deiner Nähe und höre all die Bemerkungen. Aber das stört mich nicht. Du weißt wenigstens, daß ich Dich liebe. Jodie, ich würde gern meinen Plan, auf den Präsidenten zu schießen, aufgeben, wenn Du mich auch lieben und den Rest Deines Lebens mit mir verbringen würdest.

Ich kann jetzt nicht länger warten, ich muß Dir beweisen, daß meine Gefühle für Dich ernst sind. Ich setze mein Leben und meine Freiheit aufs Spiel – nur für Dich. Und ich hoffe, daß das Deine Meinung über mich ändern wird.

Dieser Brief ist eine Stunde, bevor ich zum Hilton Hotel gehe, geschrieben worden.

Jodie, bitte erbarme Dich, sieh in Dein Herz und gib mir die Chance, Dir mit dieser historischen Tat zu imponieren. Ich werde Dich immer lieben.«

Der Direktor der Universität rief Jodie zu sich und erzählte ihr von den Funden. Jodie brach zusammen. Sie weinte und lachte zugleich, war völlig hysterisch. »Warum gerade ich?« fragte sie immer wieder unter Schluchzen.

Plötzlich sah sich Jodie wieder ins Scheinwerferlicht der Öffentlichkeit gezerrt. Ihr neues Leben, gerade erst begonnen, hatte einen Knacks bekommen. Alle Welt war hinter ihr her, Fotografen tauchten aus dem Nichts auf, blendeten sie mit ihren Blitzlichtern, Mikrofone wurden ihr unter die Nase gehalten. Äußerlich blieb Jodie gelassen. Cool sein, niemals zeigen, wie es innen aussieht, das hatte sie ja schon früh gelernt. Ihre Verstörtheit versteckte sie hinter einem gleichbleibenden Lächeln. Sie wollte der Welt zeigen, daß sie stark war. Jeder sollte denken, daß Jodie Foster normal und in sich gefestigt war, daß sie nichts erschüttern konnte.

In Wahrheit jedoch fühlte Jodie sich überfordert. Wieder mischten sich andere Leute in ihr Leben, sagten ihr, was sie zu tun hatte. Das FBI und ihre Anwälte zum Beispiel und vor allen Dingen die Presse, die alles zu wissen schien. »Ich schlug die Zeitungen auf und erfuhr mehr über den Fall und mich, als ich selbst wußte.« Um dem ein Ende zu machen, organisierte sie ihre eigene Pressekonferenz. Nur Journalisten von *Associated Press*, der *Los Angeles Times*, *New York Times* und vom Fernsehsender *NBC* waren geladen. Fotos zu machen war nicht erlaubt. Entgegen der Anweisungen ihrer Anwälte und des FBI hatte sie eine Stellungnahme verfaßt. Sie wollte die Kontrolle übernehmen, handeln, damit sie endlich wieder Ruhe hätte.

Sie gab zu, daß sie im vergangenen Herbst und im letzten Monat mehrere Briefe, unterzeichnet mit JWH, erhalten hatte. Aber sie hatte alle weggeworfen. »Ich bekomme viel Post. Das ist nichts Ungewöhnliches.«

Jodie sagte, daß sie keine Ahnung gehabt hatte von dem, was passiert war, und auch das Attentat nicht in Verbindung mit sich gebracht hatte, bis sie seinen Namen hörte. »Da wurde mir schlecht, und ich bekam es mit der Angst zu tun. Ich war schockiert und heulte.« Die halbstündige Konferenz beendete sie mit dem Wunsch, daß jetzt endlich wieder Ruhe in ihr Leben einkehren solle.

Doch statt der ersehnten Befreiung blieb ein schaler Nachgeschmack. Sie spürte, daß die Wahrheit niemanden interessierte, alle gierten nur nach der Superstory, und sie fühlte sich ausgenutzt und beschmutzt. Aber sie machte noch eine andere Beobachtung: Diese Gesichter, die peinlich berührten Blicke, die Faszination in ihren Augen, das würde sie bis an ihr Lebensende nicht vergessen. Und sie schwor sich, daß sie ihnen nie und nimmer gestatten würde, ihr wahres Ich zu ergründen.

Daran hat sie sich bis heute gehalten. Zu Interviews erscheint eine selbstbewußte, aufgeschlossene Jodie, die den guten Kumpel mimt, mit dem man Pferde stehlen gehen kann. Auf alle Fragen hat sie eine Antwort, die alles sagt und nichts. Alles passiert im Schonwaschgang, Schleudern verboten! Ihre Agenten und PR-Berater briefen jeden Journalisten, geben ihnen eine ganze Liste mit Tabuthemen. Dazu gehören Fragen über John Hinckley, ihr Privatleben und ihre Sexualität. Was herauskommt, ist ein mit eleganten und intellektuellen Ausdrücken verziertes Blabla und das Gefühl der großen Leere.

Brandy kam natürlich sofort nach dem Bekanntwerden der Verbindung zwischen Hinckley und Jodie nach Yale, um sie zu trösten. Aber Jodie wollte nicht. »Dieser Schmerz kann nicht mit dem Kuß einer Mutter weggewischt werden. Das versteht man nicht, wird man nie vergessen«, schrieb sie später in einem Artikel in *Esquire*. Ihre Lehrer sagten, sie solle sich keine Sorgen machen, sie sei nicht allein, »wir sind alle bei dir«.

Das war lieb und nett gemeint, aber es half ihr nicht. Jodie fühlte sich mutterseelenallein. Völlig deprimiert von dieser Erkenntnis, kapselte sie sich ab. Niemanden, bis auf ihre Bodyguards, ließ sie mehr an sich heran. »Warum ich?« dachte sie. »Warum nicht Brooke Shields?« Und im gleichen Moment haßte sie sich für diesen Gedanken. Aber sie konnte nichts dagegen tun, er tauchte immer wieder auf.

Sechs Tage nach dem Attentat stand sie wieder im Rampenlicht. Sie hatte mit der College-Theatergruppe ein Stück einstudiert und war auch schon einige Male damit aufgetreten. Die letzten drei Vorstellungen sollten am Wochenende stattfinden. In GETTING OUT spielte sie eine Prostituierte, die einen Taxifahrer umgebracht hatte und nun im Gefängnis saß. Sie hätte nicht auftreten müssen, aber Jodie wollte sich und vor allen Dingen den anderen beweisen, daß sie hart im Nehmen war. The show must go on. Sie wollte es einfach nicht zulassen, daß jemand ihr Leben, ihre Pläne durcheinanderbringen konnte, ohne sie um Erlaubnis zu bitten.

Die Yale-eigene Polizei überwachte alles und hatte auf ihre Bitten hin die Durchsuchung auf Kameras angeordnet. Jodie wollte keine Blitzlichter mehr. Das Theater war voll – vom ersten bis zum letzten Sitz. Waren all die Leute gekommen, um das Stück zu sehen, fragte sie sich? Oder waren das nur Sensationslüsterne, die Jodie, den Freak, bestaunen wollten? Walkie-talkies knackten, das Publikum applaudierte, ihre Mitschauspieler waren nervös. »Es war nicht schwer zu merken, daß alle Blicke nur auf mich gerichtet waren.«

Nach der Pause, im zweiten Akt, hörte Jodie ein Klicken wie von einer Kamera, einer professionellen Motorkamera. Es kam von der Mitte links. Unauffällig suchte sie die Reihe ab, bis ihr ein Mann mit Bart auffiel. »Das kann nicht sein«, dachte sie. Seine Hände lagen brav gefaltet auf dem Schoß. Trotzdem, etwas an ihm machte sie stutzig. Am darauffolgenden Abend passierte das gleiche. Und derselbe Mann saß auf demselben Sitz. Nur, das Klicken kam von woanders.

Theaterschauspieler wissen, daß man nicht ins Publikum sieht, daß man nicht darauf achtet, wer kommt und geht und wer wo sitzt. Aber Jodie kam vom Film. Und ihr entging nichts. Bei der dritten Vorstellung war alles still. Kein Klicken, kein Mann mit Bart. Aber in der Pause hatte ihr jemand einen Zettel unter der Garderobentür durchgeschoben, auf dem stand: »Wenn die Show vorbei ist, wird Jodie Foster nicht mehr am Leben sein.« Doch nichts passierte. Wie sich später herausstellte, hatte sich jemand, dem es nicht gepaßt hatte, daß man ihn vor der Vorstellung gefilzt hatte, einen Scherz erlauben wollen. Aber all das ließ sie mehr oder weniger kalt. Was sie aufregte, war ein Fotograf, der sich eingeschlichen hatte und sie ohne Erlaubnis ablichtete.

Ein paar Tage später erhielt sie eine erneute Morddrohung. Ihre Mutter, auf dem Weg nach Paris, rief an und wollte daraufhin sofort umkehren. Aber Jodie wollte das nicht. »Du machst mich nur nervös. Bleib, wo du bist.« Am Morgen darauf, als sie ins Klassenzimmer kam, führte sie ein Sicherheitsbeamter in die hinterste Ecke und sagte, daß sie sich von dort nicht wegrühren sollte. Als der Unterricht vorbei war, kam er wieder auf sie zu und sagte kurz: »Alles o. k., man hat ihn festgenommen.«

Es war der Mann mit dem schwarzen Bart gewesen, der ihr nach dem Leben getrachtet hatte. Er hieß Edward Michael Richardson und kam aus Pennsylvania. Die Polizei hatte ihn am Port Authority in New York festgenommen, und er hatte gestanden. Richardson trug eine geladene Waffe bei sich und sagte, daß er Jodie Foster erschießen wollte. Nur, er konnte es nicht tun, weil sie so hübsch war. Er hatte sich ihre Vorstellung zweimal angesehen, es aber nicht übers Herz gebracht. Davor hatte Richardson Jodie bereits in mehreren Briefen mit dem Tod gedroht und sogar versucht, mit einer telefonischen Ankündigung eines Bombenanschlags die Freilassung von John Hinckley zu erpressen.

Nach diesem Zwischenfall veränderte Jodie sich. Sie sah den Tod überall. Fotografiert werden kam ihr vor, wie erschossen werden. Bei jedem Blitzlicht zuckte sie zusammen. Sie wurde immer mißtrauischer, fühlte sich ständig und von jedem beobachtet. Jeder Fanbrief, von einem kranken Hirn verfaßt, erinnerte sie daran, was passiert war. Aber sie zwang sich, alle zu lesen, darüber zu lachen, sie nochmals zu lesen. Sie wollte da durch, wieder aufs Pferd, das sie abgeworfen hatte.

Alle in Jodies Umwelt versuchten, normal mit ihr

umzugehen. Man bekundete Mitgefühl, wollte ihr helfen. Aber sie machte es ihren Freunden nicht leicht, sie spielte die Unnahbare, die Starke, die das alles nicht kratzte. Sie begann, sich selbst zu hassen, bis sie jeden haßte, der sie mochte. Sie vernachlässigte sich, schlief kaum noch und wenn, dann sehr unruhig, war zerfahren und unaufmerksam. Die Schauspielerin, die aufs College gehen wollte, um etwas anderes kennenzulernen, um endlich zu leben, existierte nicht mehr. Sie war enttäuscht worden und mißtraute jedem.

Nicht zu Unrecht, wie sich herausstellte. Einer ihrer Kommilitonen hatte anscheinend einen Deal mit der Zeitschrift *people magazine* abgeschlossen. Und plötz-

lich fiel es ihr wie Schuppen von den Augen: Sie war nicht hysterisch gewesen, wenn sie sich beobachtet gefühlt hatte. In der Zeitschrift stand haargenau, was sie am ersten Tag getragen hatte, was sie am liebsten aß, wer ihre Freunde waren, welche Fächer sie belegt hatte. Jeder wußte jetzt, wo sie in der Bibliothek am liebsten saß, und das jagte ihr Angst ein. Nachdem das Semester vorbei war, packte sie ihre Sachen und verschwand. Sie flog nach L. A. und ging auf eine Schönheitsfarm. Hier würde sie niemand belästigen. Mit viel Geld konnte sie in der Anonymität des Luxus versinken.

3. Kapitel

Why me?

John Hinckley Jr.

Sie war der Star und ich der unbedeutende Fan. Jetzt ist alles anders. Ich bin Napoleon, und sie ist Josephine. Sie wird mir nicht entkommen. Selbst wenn ich für immer hier bleibe. Wo sie auch ist, ob sie in Hollywood filmt oder in Paris – wir werden immer zusammensein. Im Leben wie im Tod. John W. Hinckley Jr.

»Er hat einen gehörigen Schub Testosteron abbekommen, der ein Genie aus ihm hätte machen können«, sagt Dr. David Michael Bear von der Harvard University. Statt dessen wurde Hinckley schizophren. Bei Frauen, die während der Schwangerschaft erheblichem Streß ausgesetzt sind, werden bestimmte Hormone freigesetzt, unter anderem Testosteron. Nach einer Studie der Harvard Medical School entwickeln sich diese Kinder später zu Träumern, sie sind meist Linkshänder, oft intelligenter, experimentierfreudiger und erfindungsreicher als andere. Es kann aber auch zu Hirnschädigungen kommen. Als Jo-Ann Hinckley mit John im dritten Monat schwanger war, brannte ihr

Haus ab. John Wardock kam 1955 mit verkleinertem Gehirn und als Linkshänder zur Welt.

Er wuchs in Dallas, Texas, auf. Sein Vater war ein angesehener Geschäftsmann und persönlicher Freund des späteren Präsidenten George Bush. John und seine Geschwister, Diana und Scott, besuchten die besten Schulen, erlebten eine unbeschwerte Kindheit mit allen nur erdenklichen Annehmlichkeiten. Der kleine John war ein begeisterter Basketball- und Footballspieler, wurde sogar zweimal zum Klassensprecher gewählt und war bei allen beliebt. Doch dann, in der Pubertät, schien er im Schatten seiner klugen und erfolgreichen Geschwister zu verkümmern. Bald kannte man ihn nur noch als den Bruder von Diana und Scott. Seine eigene Identität begann, sich aufzulösen. Er zog sich von allen zurück, brachte sich selbst das Gitarrespielen bei und träumte davon, berühmt zu werden. Er sah sich als Rockstar, der die Welt in Bann hält. Wie John Lennon. 1973 machte er seinen High-School-Abschluß und ging auf die Texas Tech University in Lubbock, wo er sieben Jahre lang mehr oder weniger nicht studierte. Meist verschwand er für Monate, zog in der Weltgeschichte rum, lebte in billigen Absteigen und wurde immer mehr zum Einzelgänger.

Im April 1976 schrieb er seinen Eltern, die mittlerweile nach Denver, Colorado, gezogen waren, daß er keine Lust mehr zum Studium habe und ließ daraufhin lange nichts mehr von sich hören. Erst zum Muttertag kam eine Karte aus Hollywood. John hatte Lieder getextet und wartete auf den großen Durchbruch. Doch niemand interessierte sich für seine Songs, es war noch nicht einmal klar, ob er sie überhaupt jemandem angeboten hatte. John verlor den Mut, fühlte sich als Versager und fiel in eine tiefe Depression. Schließlich flog er zurück nach Texas.

Hier sah er zum erstenmal den Film TAXI DRIVER, der gerade in den Kinos angelaufen war. Von der Hauptfigur, Travis Bickle, einem Außenseiter wie ihm, war John so fasziniert, daß er sich den Film gleich noch fünfzehnmal ansieht. Allmählich nahm er die Persönlichkeit seines Helden an, der aus dem Vietnamkrieg heimgekehrt war und sich in der Welt, die er vorfand, nicht mehr zurechtfand. »Ich bin auch so ein Einzelgänger, unglücklich und ohne Freundin, genau wie Travis. Und wenn ich mich so umsehe, fällt mir auch auf, daß die Welt schrecklich verkommen ist«, erzählt er später einem Psychiater.

John kaufte sich die Filmmusik, besorgte sich sogar das Drehbuch und fing an sich zu fragen, ob er nicht vielleicht Travis Bickle sei. Er kleidete sich wie sein Alter ego und schlüpfte allmählich in dessen Leinwandidentität. Travis Bickle (Robert De Niro) lernt die dreizehnjährige Iris (Jodie Foster) kennen, die in New York auf den Strich geht. Und weil er die Welt verbessern will, setzt er alles daran, ihr zu helfen, sie zum Aufhören bewegen. Auch John verliebte sich in Iris/Jodie und fing an, von Jodie zu fantasieren. Er ging völlig auf in dem Film. TAXI DRIVER begann, für ihn immer mehr Wirklichkeit zu werden.

Im Juni schrieb er seinen Eltern, daß man bei ihm

eingebrochen hätte und alles geklaut worden sei. Er besäße nichts mehr, selbst seine Gitarre sei weg. Er würde momentan auf Dächern leben und auf Parkbänken schlafen. Vater und Mutter waren außer sich vor Sorge. Sie schickten ihm Geld und einen Brief, mit dem sie ihn baten, nach Hause zu kommen. Wahrscheinlich hatte John auch den Einbruch nur geträumt, um so an mehr Geld zu kommen. Sein Lügengespinst, daß er weiter sponn, wurde immer undurchschaubarer. Wieder in Los Angeles, schrieb er plötzlich von einer Freundin. Auch das hatte er Travis abgeguckt. Seine Freundin existierte ebenfalls nur in der Fantasie. Seinen Eltern erzählte er, daß »Lynn« Schriftstellerin sei und er bei ihr in Malibu lebe. Er steigerte sich so sehr in diese Pseudo-Beziehung hinein, daß er sogar ein Tagebuch über seine Zeit mit ihr führte.

John driftete allmählich ab, verlor den Anschluß an die reale Welt. Er war einer von denen, die in der Wirklichkeit versagen und sich zum Schutz eine Scheinwelt aufbauen, in der sie erfolgreich und unbesiegbar sind. Nach und nach verdrängte er die Realität ganz und konnte zum Schluß selbst nicht mehr unterscheiden zwischen wahr und unwahr. Die bittere Erkenntnis, daß alles nur ein Traum war, würde zu sehr schmerzen, also flüchtete er sich weiter, an einen Ort, an dem alles schön war, wo er sich wohl fühlte, wo ihm niemand etwas anhaben konnte. Bis diese Seifenblase zerplatzte.

Johns neues, schönes Leben, in das er sich hineingeträumt hatte, hörte plötzlich auf, für ihn zu existieren.

Die Enttäuschung darüber machte er mit neuen Fantasien wett. Diesmal erzählte er seinen Eltern, daß er auf der Straße ausgeraubt worden war und seine Freundin mit ihm Schluß gemacht hätte. Immer wieder rief er bei den Eltern an, wollte nach Hause in den sicheren Hafen, in dem er sich von den Tricks, die ihm sein Gehirn spielte, ausruhen könnte. Er hatte Angst, erwachsen zu werden und auf eigenen Beinen zu stehen, sagten die Ärzte, die ihn später untersuchten.

Zu Hause aber hielt es ihn auch nie lange. Niemand verstand ihn hier, hörte seine verzweifelten Hilferufe, die er stumm in die Welt hinausbrüllte. Die Eltern redeten auf ihn ein, daß er sich Arbeit suchen solle, dann würde schon alles gut werden. John fand einen Job beim Tylor Supper Club in einem der Vororte von Denver und zog in ein kleines, heruntergekommenes Motel: Die Zimmer hatten nackte Steinwände, es gab keinen Teppich, das Ganze sah aus wie ein Hühnerstall – ein Verschlag neben dem anderen. John störte das nicht. Er sah es nicht einmal, denn er lebte ja seine Fantasien, und nur die zählten. Er schlug sich brav durch, aber nach knapp einem halben Jahr konnte er nicht mehr weiter, denn die andere Welt war mächtiger, machte ihn unbrauchbar für seine Umwelt.

John gab auf und flog wieder nach Hollywood. Angeblich, um seine Musik zu verkaufen. Dieser Trip dauerte drei Wochen, und er wurde so depressiv, daß er zum erstenmal an Selbstmord dachte. Er ging auf den Sunset Boulevard und sah sich Pornofilme an – genau wie sein Filmheld. Dann flog er wieder zu seinen

Eltern und anschließend nach Texas. Einer plötzlichen Idee folgend, wollte er nach Nashville, um seine Lieder dort an den Mann zu bringen. Doch Nashville deprimierte ihn total, und bereits am nächsten Tag kam er zurück nach Lubbock, wo er sich für das Sommersemester einschrieb. Diesmal wollte er Journalismus und Literatur studieren. Und wieder ging es eine Zeitlang gut, bis die bösen Geister ihn abermals einholten.

Im Winter schmiß er wieder sein Studium, fuhr nach Dallas und mietete sich eine Wohnung. Es ging ihm nicht gut. John steckte in einer Krise, aß Unmengen von Fast-food und wurde fett und verkam äußerlich. Als er Weihnachten nach Hause kam, waren die Eltern entsetzt: Ihr Sohn hatte sechzig Pfund zugenommen. Nach Neujahr sagte er plötzlich, daß Lynn ihn besuchen wolle. Er bereitete sich darauf vor und begann abzuspecken. Aber das machte ihn krank, weil er überhaupt nichts mehr aß. Als Lynn kam, lebte er für kurze Zeit auf. Doch bevor sie jemand zu Gesicht bekommen hatte, war sie schon wieder verschwunden.

John flog daraufhin nach Texas, hinein in eine neue Depression. Es dauerte nicht lange, da kaufte er sich sein erstes Gewehr und fing an, sich für Naziliteratur zu interessieren. Er besuchte mehrere einschlägige Gruppen, fand aber keinen richtigen Kontakt. Daraufhin beschloß er, seine eigene Organisation zu gründen. Mit der AMERICAN FRONT wollte er das Land wachrütteln, zeigen, wie die Minderheiten die Rechte der weißen Protestanten zerstören. John verbrachte Tage damit, sich ein Rundschreiben auszudenken, entwarf Richtlinien und plante Aktivitäten. Aber dann gab er wieder auf.

Sein nächstes Projekt war das Verfassen von traurigen Gedichten:

»The girls are waiting to be chosen
But unused hearts like mine are frozen
I am kin to Frankenstein, begging for a mate
Cursing my ungodly fate.«
(Die Mädchen warten darauf, daß man sie nimmt
Aber jungfräuliche Herzen, wie das meine, sind tiefgefroren
Ich bin verwandt mit Frankenstein, bettel' wie er um Liebe
Verflucht sei mein gottloses Schicksal.)

John flog im Land umher, kaufte sich noch ein paar Waffen und klagte bei seinen Eltern über Streß, Schwäche und Schwindelanfälle. Mit jedem Telefonanruf kam eine neue Hiobsbotschaft. Seine Beine wollten nicht mehr. Die Ohren, Augen und Arme taten ihm weh. Als er nicht mehr weiter konnte, flog er nach Hause, und ein Arzt verschrieb ihm Antidepressiva. Wieder war er seinem Helden, Travis Bickle, einen Schritt näher gekommen – der schluckte auch Pillen.

Weihnachten 1979 wartete seine Familie vergebens auf ihn. Er hatte allerdings angedeutet, daß er die Feiertage mit Lynn in New York verbringen und sich dann um einen Verleger für sein Buch kümmern wolle, das er geschrieben habe. Nichts von alledem stimmte natürlich. John saß einsam in Lubbock und war völlig am Ende. Mit seinen Waffen spielte er russisches Roulette – aber er gewann immer. Als nächstes kaufte er sich ein Gewehr und fotografierte sich damit mit Selbstauslöser. Eine andere Aufnahme zeigt ihn, wie er sich einen seiner Revolver an die Stirn hält – genau wie Travis Bickle.

Mit John ging es immer mehr bergab. Als seine Eltern ihn das nächstemal sahen, war er noch dicker geworden. In seinen Augen spiegelte sich unendlicher Schmerz. Die Mutter war verzweifelt, schleppte ihn von Arzt zu Arzt, aber niemand konnte etwas finden. Nicht einmal seine Schmerzen existierten in dieser Welt. Heimlich setzte er sich wieder ins Flugzeug und flog zurück nach Lubbock. Später erzählte er den Ärzten, daß er vorgehabt hätte, der erste psychopathische Dichter der Welt zu werden.

Im Mai las er in der Zeitschrift *people*, daß Jodie Foster nach Yale gehen wollte, um dort zu studieren. Und plötzlich kam Energie in seinen müden Körper. Während Jodie sich auf ihr erstes Jahr am College vorbereitete, schrieb er sich wieder an der Texas Tech University ein. Doch schon bald ging ihm wieder die Luft aus, und er fiel zurück in seine Depression. Am Ende des Semesters war er nicht mehr in der Lage, weiterzumachen. Die Eltern, alarmiert durch seine Anrufe, suchten einen Psychologen auf, um Rat zu holen. Der erklärte, daß sie eine Strategie entwerfen sollten, damit John endlich lernte, auf eigenen Beinen zu stehen. Das beste Mittel wäre, ihm den Geldhahn abzudrehen.

John erklärte sich mit einem Vertrag einverstanden, der besagte, daß er 3000 Dollar für ein halbes Jahr bekommen solle. Er wollte sein Bestes versuchen, das Geld so gewinnbringend wie nur irgend möglich einzusetzen. Im Inneren spürte er wohl, daß es wahrscheinlich seine letzte Chance war, ein normales Leben anzufangen. Wenn er die verpassen würde, konnte er sich gleich die Kugel geben. Doch bereits von Anfang an war sein Vorhaben zum Scheitern verurteilt. Er wollte auf die Writers School nach Yale. Seine Eltern, froh, daß er wieder lernen wollte, atmeten auf und waren einverstanden.

Nach der Vertragsunterzeichnung flog er nach New York und fuhr von dort nach New Haven, Connecticut. Aber nicht, um an der dortigen Yale University zu studieren, sondern um Jodie Foster nahe zu sein. Um mit ihr den Rest seines Lebens zu verbringen. Mittlerweile kannte er alle Filme von Jodie, ist besessen von ihr und überzeugt, daß sie genauso fühlen würde, wenn sie ihn erst kennenlernte.

Vergebens versuchte er, sich mit ihr bekannt zu machen. Seine Schüchternheit stand ihm dabei im Weg. Also beobachtete er sie lieber von weitem, folgte ihr über den Campus, setzte sich im Pub ans andere Ende der Bar, nur um ihr nahe zu sein. Er schob ihr kleine Zettel mit seinen Gedichten unter der Tür durch, rief sie sogar an, nur um zunächst nicht zu wissen, was er sagen sollte, und legte wieder auf. Später sprach er dann doch mit ihr, bat sie, nicht aufzulegen.

John realisierte bald, daß er ein totaler Versager war. Eine Woche später stand er wieder vor seinem Elternhaus. Die Mutter war überrascht und verärgert. Er hatte doch einen Vertrag unterschrieben, und nun müsse er sich auch daran halten. John, ein jammervolles Wrack, erzählt ihr, daß Yale ihn enttäuscht habe. Er hatte die falschen Klamotten, und außerdem gefiel es ihm dort nicht. Gott sei Dank war der Vater auf Geschäftsreise, aber John durfte trotzdem nicht bleiben. Er nahm sich ein Hotelzimmer in Denver, und am nächsten Morgen fuhr ihn die Mutter zum Flugplatz. Er habe in Lubbock etwas zu erledigen, sagte er.

John kaufte sich zwei neue Waffen. Nun hatte er genauso viele wie Travis. Und wie der nahm er sich jetzt vor, den Präsidenten zu erschießen. Am 27. September flog er, getrieben von innerer Unruhe, nach Washington D. C., von dort am nächsten Tag nach Columbus, Ohio, und zwei Tage später nach Dayton, wo Präsident Carter eine Rede halten sollte. Die Waffen hatte er natürlich im Gepäck. Er kam auch beinahe auf Armeslänge an den Präsidenten heran und dachte noch, wie einfach es war, aber er brachte es dann doch nicht fertig abzudrücken. Wieder hatte er versagt.

In übelster Laune fuhr er nach New Haven und steckte neue Gedichte in Jodies Briefkasten. Er rief sie wieder an, und diesmal redete er länger. Jodie war anfangs noch amüsiert. Sie scherzte mit ihren Mitbewohnern, die zuhörten, während er am anderen Ende war. ». . . ja, ich sollte ihm sagen, daß ich mit einem Messer in der Hand auf ihn warte.« Darauf John: »Ich bin nicht gefährlich. Das verspreche ich.« Er erzählte ihr, daß er sie sehen und nur mit ihr sprechen wolle. Ihre Antwort war klar: Er solle sie nie wieder anrufen. Aber John ließ nicht locker: »Wie ist es mit morgen?« Schließlich wurde Jodie ungehalten und sagte ihm, daß sie auflegen würde. John ignorierte das, sagte, daß er sie am vormittag gesehen hat und sie hätte grüne Hosen getragen. »Stimmt doch, oder?« Jodie legte nicht auf, sondern erwiderte: »Ich kann mich nicht erinnern.« John fragte weiter: »Kann ich dich wieder anrufen? Ich will wirklich nur mit dir reden. Morgen?« Jodie verneinte. Er fragte, warum nicht, und sie sagte, daß sie keine Lust hat und nicht abnehmen oder den Hörer danebenlegen würde. »Wenn du mich morgen anrufen willst, bitte schön, ich kann dich nicht daran hindern.« John: »Wirst du mit mir reden?« Jodie: »Nein.« John: »Nur noch ein einziges Mal? Bitte?« Aber das hörte Jodie schon nicht mehr, weil sie aufgelegt hatte, und John war am Boden zerstört.

Er fuhr nach New York und suchte sich junge Prostituierte – nicht älter als 12, 13 Jahre. Genauso alt wie die Iris im Film. Anschließend flog er nach Lincoln, Nebraska, um sich mit einem führenden Kopf einer Nazipartei zu treffen. Aber als er dort ankam, wußte nicht mehr, was das sollte. Er blieb einen Tag und flog weiter nach Nashville. Dort wurde er auf dem Flugplatz wegen Waffenbesitz festgenommen. John zahlte die Strafe und war wieder auf freiem Fuß. Nur die Waffen waren weg.

Dann kehrte er zurück nach New Haven, wo er Jodie fesseln und entführen wollte. Er gab den Plan aber wieder auf, ist zu verwirrt, um ihn auszuführen. Statt dessen zog er in ein Hotel in New Haven, zahlte für die

Nacht, zog dann in ein anderes, aber verließ auch dieses ein paar Stunden später wieder und übernachtete schließlich in einem dritten. Am darauffolgenden Tag flog er nach Dallas, um sein Waffenarsenal wieder aufzufüllen. Mit zwei 22-kalibrigen Pistolen flog er zurück nach New Haven und stieg im Sheraton Plaza ab. Er blieb aber nicht, sondern flog kurz nach Washington und danach zurück nach Denver.

Die Eltern holten ihn vom Flugplatz ab und waren erschüttert. John schien total am Ende, depressiv und verwirrt. Er sah gehetzt aus und verzweifelt und sagte nur einen Satz: »Ich habe eins gelernt, ich kann nicht mit Geld umgehen.«

Vater, Mutter und John setzten sich ins Wohnzimmer und versuchten, Klarheit in das Ganze zu bringen. Aber John redete nur davon, daß er wieder weg wollte. Diesmal waren die Eltern davon überzeugt, daß er psychiatrische Hilfe brauchte. Aber sie warteten erst mal ab. Als er an einem der nächsten Tage nach Hause kommt, war er sehr krank. Er hatte zu viele Pillen geschluckt. Jetzt endlich brachten die Eltern ihn zu einem Psychiater. Sie waren davon überzeugt, daß ihr Sohn in eine geschlossene Anstalt gehörte. Der Arzt riet jedoch davon ab. Statt dessen bat er John aufzuschreiben, was er in den vergangenen Monaten gemacht hatte.

Und John schrieb: »Mein Geist war am Umkippen. Die ganze Zeit über. Die Beziehung, von der ich geträumt hatte, brachte mich nicht weiter. Meine Enttäuschung darüber war zu groß. Ich konnte nicht mehr und fuhr nach Hause. Und jetzt bin ich hier.«

John ging nicht wieder zum Arzt, sondern flog nach Washington. Dort verfolgte er den neu gewählten Präsidenten Ronald Reagan. Er ließ sich vor Ford's Theater fotografieren, wo Lincoln erschossen wurde. Und dann passierte es: Am 8. Dezember wurde John Lennon in New York erschossen. John war wie elektrisiert. Er fuhr sofort nach New York und sah sich den Trubel um den Mord an. Später rief er seine Eltern an und erzählte, daß er auf John Lennons Beerdigung gewesen sei und nun völlig fertig wäre. Er fragte, ob er nach Hause kommen dürfe. In Wahrheit war er jedoch in New Haven und streunte auf dem Gelände von Yale herum, in der Hoffnung, daß Jodie auftauchen würde.

Der Vater holte John vom Flugplatz ab, und diesmal war dieser sehr einsilbig. Er wollte nicht sprechen, weil er trauerte. Er war so fertig, daß er wieder nicht am weihnachtlichen Trubel teilnehmen wollte. Auch ein Besuch bei einem weiteren Psychiater half nicht. Es wurde wieder ein Plan entwickelt, der John endlich auf die eigenen Beine stellen sollte. Bis Ende Februar müßte er Arbeit gefunden haben und Ende März ausziehen, ob er einen Job hatte oder nicht. Bis dahin wollten ihn die Eltern finanziell unterstützen.

Natürlich hielt John nicht durch. Er flüchtete sich wieder zu seiner großen Liebe nach New Haven. Dort fantasierte er davon, in Jodies Klassenzimmer aufzutauchen und einfach draufloszuballern. Aber wieder fehlte ihm der Mumm dazu. Er flog dann nach Washington mit dem Plan, den Kongreß zusammenzuschießen. Mit Senator Kennedy wollte er anfangen. Er kam sogar bis in dessen Büro, aber der Senator war nicht da. Enttäuscht begab John sich auf eine Tour durchs Weiße Haus und stellte überrascht fest, daß es nicht einmal Metalldetektoren gab. Da hätte er doch das ganze Weiße Haus zusammenschießen können.

Er tat es aber nicht, sondern flog wieder einmal nach New York. Diesmal nahm er sich kein Hotelzimmer, sondern er schlief auf der Straße. Er wollte zum Dakota-Haus, vor dem John Lennon ermordet worden war, und sich selbst erschießen. Aber er versagte wieder. Zu nichts war er fähig – er war und blieb ein ewiger Versager. Er flog wieder nach Hause und erzählte seinen Eltern, daß er eine Anstellung bei einer Zeitung gefunden hätte. Die Freude war zunächst groß, hielt aber nicht lange an, weil er nie zur Arbeit ging. Zu dem Job, den er gar nicht hatte.

Während die Eltern für ein paar Tage wegfuhren, verschwand John wieder. Er hinterließ eine Nachricht: »Liebe Mutter, lieber Vater, Euer verschwenderischer Sohn ist wieder auf und davon, um ein paar böse Geister zu vertreiben.« Er fuhr direkt nach New Haven, wo er Jodie auflauern und erst sie und dann sich selbst erschießen wollte. Das würde Schlagzeilen machen. Er fühlte sich wie Romeo in seiner Liebe zu Julia, erzählte er später seinem Psychiater Dr. Bear. John folgte Jodie mit dem geladenen Revolver in der Tasche über den Campus, aber er brachte es nicht fertig abzudrücken. Statt dessen schrieb er ihr eine weitere Notiz: »Jodie Foster, Liebste, warte. Ich werde Dich bald erlösen. Bitte wehre Dich nicht dagegen. JWH.« Sein Brief war adressiert an »Jodie Foster, Superstar«. Dann verließ er New Haven, übernachtete in New York und saß wieder ohne einen Cent auf der Straße. Als ihm kalt wurde und er Hunger bekam, rief er wieder bei seinen Eltern an.

Es war halb fünf Uhr früh, John konnte kaum sprechen, und die Eltern verstanden kein Wort. Die Mutter war voller Angst, weil er so fremd klang, und der Vater schlug vor, er solle auflegen und sich erst mal beruhigen. Eine halbe Stunde später war er wieder am Apparat, bat darum, nach Hause kommen zu dürfen. In der Zwischenzeit hatten die Eltern mit dem Psychiater gesprochen, und der hatte ihnen geraten, nicht nachzugeben. Sie sollten ihm hundert Dollar geben und ihn wieder wegschicken. Sie sollten ihn aber nicht sofort nach Hause kommen lassen, er sollte ruhig noch eine weitere Nacht auf der Straße verbringen, endlich lernen, sich nicht immer auf andere zu verlassen, sondern sein Leben selbst in die Hand zu nehmen.

John war völlig verzweifelt. Wie ein kleiner Junge rief er pausenlos zu Hause an und weinte. Er konnte sich nichts zu essen kaufen und wußte nicht, wie er zum Flugplatz kommen sollte. Die Mutter schlug ihm vor, zur Heilsarmee oder zur Bahnhofsmission zu gehen. Aber John war wie versteinert, konnte nichts unternehmen. Schließlich rief der Vater einen Bekannten in Manhatten an und bat diesen, seinem Sohn Geld zu geben.

Als John in Denver landete, war er nur noch ein Schatten seiner selbst. Unrasiert, benommen, geistig weggetreten. Er konnte kaum aufrecht gehen. Der Vater hielt ihm eine Standpauke, sagte, wie enttäuscht er von ihm sei. Er gab ihm 200 Dollar und fuhr ihn zu Johns altem VW-Käfer. Dann überließ er ihn sich selbst. John mietete sich in einem Motel ein und verließ das Zimmer eine ganze Woche lang nicht. Als nächstes verkaufte er seine Schallplattensammlung, seine Schreibmaschine und all seine Waffen, bis auf eine. Schließlich rief er zu Hause an und sagte, daß er nach Kalifornien wolle.

Die Mutter fuhr ihn am nächsten Morgen zum Flugplatz. Sie erinnerte sich: »Wir sprachen kein Wort. Und er sah so miserabel aus, war so verzweifelt. Ich hatte große Angst um ihn. Angst, daß er sich umbringen würde. Als er aus dem Wagen stieg, dankte er mir für alles, was ich für ihn getan hatte.« Ihr brach das Herz, aber sie unternahm nichts, sondern ließ ihn ziehen.

In Hollywood blieb er nur einen Tag, dann kaufte er sich ein Busticket nach New Haven, wollte aber vorher in Washington aussteigen. Vier Tage später kam er dort an, nahm sich ein Zimmer und versuchte zu schlafen. Dem Arzt erzählt er später, daß er sich gefragt hätte, warum er nicht schlafen konnte. Er sah die ganze Nacht fern und ging am Morgen zu McDonald's frühstücken. Dort rang er mit sich, ob er sofort nach New Haven fahren und sich umbringen sollte. Er hatte noch 150 Dollar. Doch statt dessen ging er zum Hotel zurück, kaufte sich eine Zeitung und las den Tagesplan von Ronald Reagan. Das war für ihn das auslösende Signal.

John duschte, versuchte, seine Gedanken zu ordnen und zusammenzuhalten und sagte sich, daß das alles ein Ende haben müsse. Das Leben auf der Achterbahn könne nicht so weitergehen. Es blieben ihm nur drei Möglichkeiten: Jodie Foster erschießen, sich selbst umbringen oder Präsident Reagan. Schließlich nahm er seinen 22er Revolver und ging zum Hilton Hotel, wo Reagan eine Konferenz abhalten wollte. Als der Präsident aus der Limousine stieg und in die Menge winkte, bildete John sich ein, daß er ihn direkt ansah. Ein weiteres Zeichen. Später, als Reagan aus dem Hotel kam, stand John in der Ecke, die für die Presse reserviert war, und hoffte inbrünstig, daß jemand ihn stoppen würde. Er fühlte sich nicht fähig, weil alles so schnell gegangen war. Aber dann wachte er auf, merkte, daß die Leute auf seinen Revolver starrten und schoß los. Nach sechs Schuß fand er den ersehnten Frieden.

Am 21. Juni 1982 wird John Hinckley wegen mangelnder Zurechnungsfähigkeit freigesprochen. Seitdem lebt er im St. Elizabeth' in Washington, einer Anstalt für geistig Verwirrte. Alle sechs Monate hat er die Möglichkeit, vor Gericht um Freispruch zu ersuchen. Aber bislang fühlt er sich noch nicht soweit.

In einem Brief von John an den Washingtoner *Time*-Korrespondenten Evan Thomas schrieb er: »Sie hält sich immer noch von mir fern und quält mich mit ihrem Schweigen. Ich habe mein Leben für sie gegeben, und ihr ist das so egal. Ich kann nicht glauben, wie hartherzig sie ist. Aber es ist mir jetzt nicht mehr wichtig, ob sie mich bis an ihr Lebensende ignoriert oder nicht. Ich weiß, daß ich einen bleibenden Eindruck bei dem jungen Fräulein hinterlassen habe. Das wird sie nie mehr loslassen. Ich bin jeden Tag ihres Lebens bei ihr. Ich habe sie auf der ganzen Welt berühmt gemacht. Jeder kennt jetzt John und Jodie. Wir sind ein Paar, das in die Geschichte eingehen wird.«

Später sagte Hinckley: »Ich hasse den Gedanken daran, daß Jodie mit einem anderen zusammen sein könnte. Das macht mich krank, völlig verrückt.« Seine

Psychiater berichten, daß John jetzt ständig daran denkt, Jodie umzubringen. In jeder Sitzung spricht er von ihr. Ist völlig besessen von ihr. Neuerdings hat er auch sexuelle Fantasien und spricht davon, sie zu vergewaltigen.

Für Jodie ist der Gedanke, daß dieser Mann eines Tages wieder auf die Welt losgelassen werden könnte, ein Alptraum. Ein weiterer Grund für sie, sich nirgendwo festzusetzen. Obwohl sie das schöne Haus im San Fernando Valley hat, lebt sie meist in Hotels, bei Freunden oder in Mietwohnungen. Zieht mit wenig Gepäck immer umher. »Einige Leute finden es toll, wenn jeder weiß, wo sie leben. Ich nicht, ich hasse es. Gott sei Dank habe ich mittlerweile gelernt, mit meiner Angst zu leben, ohne neurotisch zu werden.«

Sie hat drei Telefonnummern. Die, die sie den meisten Leuten gibt, gehört einem Anrufbeantwortungs-Service. Dort muß der Anrufer Name und Nummer hinterlassen und wird vielleicht zurückgerufen. Ein paar wenige Leute haben die Nummer ihrer Mutter. Und nur ihre allerengsten Freunde – knapp eine Handvoll – haben ihre eigene.

Die Zeit danach

*Ich hätte mich sehr verändert, sagte man mir. Der Tod be-
kam für mich etwas Banales und zugleich Erschreckendes.
Jedesmal, wenn ich fotografiert werde, habe ich jetzt das Gefühl, erschossen zu werden.*
Jodie Foster

Nach ihrer Flucht nach Kalifornien erinnerte sich Jodie ihres väterlichen Freundes Lee Eisenberg, einem
Redakteur bei *Esquire*. Bevor sie aufs College gegangen
war, hatte sie ein paar Monate als Volontärin in der Re-
daktion gearbeitet. Die beiden hatten sich miteinander
angefreundet. »Lee nahm mich mit in sein Landhaus,
und wir redeten viel und gingen fischen. Ich war sehr
durcheinander. Neunzehn Jahre alt und total deprimiert. Ich dachte, ich breche zusammen.«

Wieso war Jodie nicht zu ihrer Mutter gefahren? Zu
dem bis dahin wichtigsten Menschen in ihrem Leben?
Was hatte sie davon abgehalten, mit Brandy zum Beispiel nach Europa zu fliehen, in Frankreich oder Italien
abzuschalten? Anscheinend war Jodies Selbstfindung

in einem Stadium, wo sie nicht zurückkonnte. Für beide, Brandy und Jodie, war es nicht leicht gewesen, nach 18 Jahren engster Gemeinsamkeit getrennte Wege zu gehen. Die Abnabelung war noch zu frisch. Jodie hatte eben erst die Freiheit gekostet und ihre Angst davor mehr und mehr abgeschüttelt. Mit jedem Glücksmoment, das sie in Yale erlebt hatte, war ein weiteres Band zwischen Tochter und Mutter gelöst worden. Inzwischen war Jodie selbständig, wollte es jedenfalls sein. Und selbst ein Erlebnis wie das Attentat konnte sie nicht in die beschützenden Arme der Mutter zurückführen. Brandy Foster war zwar Jodies Stützpfeiler, immer für die Tochter da, wenn diese sie brauchen sollte, und das genügte Jodie. »Mutter ist immer noch sehr wichtig für mich, aber ich bin keine zehn Jahre mehr.«

Aus dieser schmerzvollen Zeit, in der Jodie reflektierte und versuchte, sich selbst zu finden, stammt der Artikel »Why Me?«, der in *Esquire* abgedruckt wurde. Darin hat sie ihre Gefühle und Ängste in Worte gefaßt, zum erstenmal in ihrem Leben öffentlich Schwäche zugegeben. Heute schämt sie sich dessen und hat die Rechte zu dem Artikel gekauft, damit ihr »pubertäres Gestammel« für immer in den Archiven verstaubt.

In »Why Me?« erzählte sie davon, daß sie ihr Leben lang ein Sonntagskind gewesen war – ihr fiel alles in den Schoß. Selbst zu Ostern war immer sie es, die die meisten Eier fand. Sie schrieb davon, wie sie sich auf das College vorbereitet und gefreut hatte. Und wie ihr Tagesablauf dort aussah: »Jeden Morgen habe ich Gewichte gestemmt und am Nachmittag Tennis gespielt. Ich war überall dabei, wollte, daß mich jeder mag und denkt, wie freundlich und gesellig ich bin.« Jodie versuchte alles, um ihrem Star-Image, das sie, wie sie fand, nicht verdient hatte, zu entkommen. Sie war glücklich, sich frei und scheinbar unbeobachtet bewegen zu können. Endlich konnte sie sich gehenlassen, Pickel bekommen und Fett ansetzen, ohne darüber gleich am nächsten Tag in der Zeitung zu lesen. Sie wurde ein Fan der Happy-hour, der Zeit vor dem Abendessen, in der alles nur die Hälfte kostet, in der man zwei Drinks für den Preis von einem bekam. Endlich lebte sie. Die bleichen Wangen, die kaum das Tageslicht gesehen hatten, weil sie meist vor dem Fernseher oder im Kino hockte, wurden rund und rosig. Sie scherte sich nicht mehr um Hollywood, vergnügte sich mit interessanten Leuten, die ebenfalls gegen den Strom schwammen, und versuchte krampfhaft, ihrem Leben einen neuen Sinn zu geben.

Doch gerade als alles so schön war, kam der große Knall. Plötzlich war sie wieder eine öffentliche Figur, nicht mehr eingebettet in den Kreis ihrer Mitstreiter. Jetzt lebte sie wieder auf dem Präsentierteller und fühlte sich nackt und verletzlich. Sie war nur über eines froh, nämlich, daß sie weit weg von Hollywood war. Der Wirbel um ihre Person hätte sie in »Tinseltown«* schneller in die Tiefe gezogen, ihr keinen Raum

* Tinseltown = Hollywood; abgeleitet von tinsel (engl.) = Rauschgold, Tand, Talmi.

zum Luftholen gegeben. Als ihr das bewußt wurde, haßte sie das Showbusineß, wollte nichts mehr damit zu tun haben. Ein Beispiel der absoluten Geschmacklosigkeit in ihren Augen war, daß Leute Martin Scorsese ihr Mitgefühl ausgesprochen hatten. Wieso ihm? Wieso nicht ihr? Sie fand es auch lächerlich, daß er sich einen Bodyguard zugelegt hatte.

Im Herbst ging sie zurück nach Yale. Aber für Jodie hatte sich alles verändert. Sie fühlte sich wie eine Aussätzige. Jetzt hatte sie mehrere Leibwächter, die sie rund um die Uhr nicht mehr aus den Augen ließen. Geschlagen und besiegt paßte sie sich wieder den Umständen an. Äußerlich war sie nun makellos gekleidet, sie beantwortete alle Telefonanrufe und hielt ihr Zimmer sauber und in Ordnung. Abend für Abend hockte sie vor dem Fernseher und guckte sich Filme an. Vorbei war es mit der unbeschwerten Geselligkeit.

Weil sie sich auf dem Campusgelände nicht mehr wohl fühlte, zog sie mit einem Freund, Jon Hutman, in ein Apartment außerhalb der Universität. Jon und Jodie verband eine platonische Freundschaft, und die zwei sehen sich noch heute. Sie arbeiten sogar zusammen, Jon war ihr Set-Designer bei NELL. Endlich lebte sie wieder ein bißchen auf. Jon riß sie mit seiner Unbeschwertheit und seinen verrückten Ideen mit, ließ ihr keine Zeit zum Grübeln. Jodie, die sehr sachlich ist und einen minimalistischen Geschmack hat – je weniger, desto besser –, flippte plötzlich aus. Das Apartment war ein Schrein der Geschmacklosigkeiten. Alles war entweder pink oder grasgrün. Über dem Sofa hing ein aufblasbarer Kinderswimmingpool, und überall blinkten Weihnachtskerzen – das ganze Jahr. Ihr Stolz jedoch war eine Wand, die mit Fotos von Nancy Reagan vollgepflastert war. Das war so abartig, daß es schon wieder witzig war. Jon und Jodie hatten sich zur Auflage gemacht, daß nichts im Apartment mehr kosten durfte als fünf Dollar. Zum Beweis blieb an jeder Neuerwerbung das Preisschild dran. Endlich war wieder etwas Leben in ihren Alltag gekommen. Die zwei organisierten kleine Grillpartys oder luden Arbeitsgruppen zu sich ein.

Sie gab sich alle Mühe, unbeschwert zu sein und das Beste draus zu machen. Doch in ihrem Innern sehnte sie sich nach Ruhe und Geborgenheit. Und wo, wenn nicht auf dem Filmset, wo alles vorgeschrieben und vorprogrammiert war, würde sie die bekommen? Der Zufall wollte es, daß ihr gerade zum richtigen Zeitpunkt ein Drehbuch angeboten wurde, das ihr gefiel. SVENGALI mit Peter O'Toole hatte zwar nicht unbedingt Hit-Qualität, aber sie war froh, wieder in vertrauten Wassern zu schwimmen. In dem Fernsehfilm spielt sie eine Rocksängerin, die in ihren Gesangslehrer verknallt ist und glaubt, daß sie ohne ihn nicht auftreten kann. Die Dreharbeiten fanden in Manhatten statt, nicht weit von Yale. Das war genau das, was Jodie jetzt brauchte. Plötzlich war ihre Unsicherheit wie weggeflogen, ihre Wunden schienen geheilt.

Doch die Vergangenheit ließ sich nicht so leicht abschütteln. Das Attentat hatte sie für immer geprägt. Das merkte sie, als sie eines Abends von den Drehar-

beiten ins Hotel zurückfuhr. Jodie fühlte sich hunde-
elend, hatte ein gebrochenes Schlüsselbein, entzünde-
te Mandeln und konnte kaum reden. Weil das Hotel
von Fotografen umzingelt war, legte sie sich auf den
Boden des Wagens. Es wäre auch alles gutgegangen,
wenn sie nicht so große Lust auf eine Tasse heißen Kaffee gehabt hätte. Also schlich sie sich wieder durch den
Hinterausgang auf die Straße und ging in den nächsten Coffeeshop. Und da passierte es: Ein Fotograf hatte sie gesehen und hielt ihr seine Kamera direkt ins Gesicht. In höchster Panik rannte Jodie davon, rutschte
auf dem Glatteis aus und blieb heulend liegen. Der Fotograf lachte nur und rief: »Ich hab' sie! Ich hab' sie!«
und verschwand. »Ich konnte nichts sagen, nicht mal
schreien, weil mir alles weh tat. Mein Hals, mein
Schlüsselbein, mein Herz. Das war so unfair.« Sie heulte die ganze Nacht und fragte sich immer wieder, warum ich?

Als sie zur Verhandlung des Hinckley-Falls nach
Washington vorgeladen wurde, schien sie wieder die
alte. Cool und busineßmäßig inszenierte sie ihren Auftritt. Sie war Schauspielerin und würde sich auch so
verhalten, das heißt, eine Rolle spielen. Aber am
Abend, in ihrem Hotelzimmer, war sie wieder allein
mit ihren Gedanken und Ängsten und kam ins Grübeln. Sie schaltete den Fernseher ein und sah sich die
Oscarverleihung an. Die Aufgesetztheit dieses Spekta-
kels machte sie krank. Ihr wurde klar, daß alle dort nur
eine Rolle spielten. Niemand war wirklich da, sie hatten nur ihre äußeren Hüllen geschickt, die von ganz al-

lein funktionierten. Zwischenmenschlichkeit war ein zu großes Risiko, das konnte man sich nicht erlauben, wenn man nicht Gefahr laufen wollte, verletzt zu werden. Es war alles so aufgesetzt und widerte sie an.

Selbst menschliche Beziehungen, fand sie, waren nur eine weitere Form des Schauspielens. Nur daß die Figuren das nicht merkten. »Interaktion ist eine Form der Lüge. Und darum kann niemand glauben, wenn jemand ihm sagt, ich habe keine Angst oder ich liebe dich«, sagt Jodie. »An diesem Abend wurde mir klar, daß Schauspieler verdammt gute Lügner sind. Ich selbst eingeschlossen. Wenn ich meine Augenbraue hebe, denkst du, ich bin sexy. Wenn ich dich fixiere, glaubst du, daß ich intelligent bin. Manipulieren ist so einfach. Und jeder tut's, trägt seine Maske. Und wir Schauspieler, wir haben viele Masken.«

An diesem Abend wurde ihr klar, daß zwei Jodie Foster existierten: die eine so groß wie die Leinwand, mit Technicolor-Gesicht, fließendem Blondhaar und dem selbstsicheren Lächeln, die andere jedoch, die kennt nur sie allein. Das ist das Mädchen, das nach außen hin ganz Tapferkeit und Intelligenz ist, aber innen emotional total verkrüppelt, ein Wesen mit kaum merklichem Selbstbewußtsein, ein sehr schwaches, distanziertes Wesen.

Einer der ersten Kinofilme, in dem Jodie Foster mitspielt, ist Bugsy Malone *(1976, rechts). In diesem Musical, in dem alle Schauspieler Kinder sind, spielt sie die Gangsterbraut Tallulah. In* Taxi Driver *(1976, unten) dagegen stellt sie erstmals einen anspruchsvollen, erwachsenen Charakter dar. Der Film wurde zum Wendepunkt in ihrer Karriere.*

In Das Mädchen am Ende der Straße *(1977, links) spielt Jodie eine mehrfache Mörderin. Während der Dreharbeiten kam es zu heftigen Diskussionen, ob diese blutrünstige Rolle der Fünfzehnjährigen nicht schaden könnte. Auch ihre Rolle in* Hotel New Hampshire *(1984, unten) sorgte für Aufsehen – vor allem die Szene, in der sie ihren* »Bruder« *verführt.*

Mit ernsthaften Rollen wie in Das Blut der anderen *(1984, oben), einem Drama aus dem 2. Weltkrieg, oder in* Five Corners *(1988, unten), in dem sie eine Verkäuferin in der Bronx der Sechziger Jahre mimt, kam Jodie beim Publikum nicht gut an.*

Nach der außergewöhnlichen schauspielerischen Leistung in Angeklagt *(1988, oben), die mit einem »Oscar« belohnt wurde, war es schwer für Jodie, gute Rollen zu finden. Filme wie* Katies Sehnsucht *(1988, unten) zählt sie heute zu ihren Fehlern.*

Das Schweigen der Lämmer *(1991) wurde zu ihrem größten Erfolg: Im Tausch für ihre qualvollen Kindheitserinnerungen erhält Jodie als Clarice Starling Hilfe in einem Mordfall - und für ihre Darstellung den zweiten »Oscar«.*

Nachdem sie jahrelang vor der Kamera gestanden hatte, wagte Jodie mit Das Wunderkind Tate *(1991) den Wechsel ins Regiefach. Für die sensible Beschreibung der Einsamkeit eines hochbegabten Kindes erntete sie großes Lob.*

Daß Jodie die unterschiedlichsten Charaktere darstellen kann, beweist sie in Sommersby *(1993, unten)* in der Rolle der ernsthaften Laurel und in Maverick *(1994, rechts).* In diesem Film zeigt sie, daß sie auch komische Seiten hat.

Nell *(1994, links) ist der erste Film, in dem Jodie nicht nur die Hauptrolle spielt, sondern den sie auch selbst produziert hat. Bei* Familienfest und andere Schwierigkeiten *(1995) arbeitete sie wieder einmal als Regisseurin und überließ Holly Hunter die Hauptrolle.*

Jodie filmt weiter

Die Kamera war immer mein Freund, aber es fiel mir nicht leicht, mich ihr wieder hinzugeben.
Jodie Foster

Jodie konzentrierte sich voll auf ihr Studium, war fleißig und lieferte erstklassige Arbeiten ab. Und als die Sommerferien vor der Tür standen, nahm sie ein neues Filmangebot an. Sie hoffte, daß die Arbeit ihr helfen würde, ihr angeknackstes Selbstbewußtsein etwas aufzumöbeln. In O'HARA'S WIFE kommt die verstorbene Ehefrau eines Rechtsanwalts als Geist aus dem Reich der Toten zurück, um ihrem Ehemann den Weg zu einem sinnvolleren Leben zu weisen. Er soll seine Anwaltspraxis verlassen und auf eine Reise nach Europa gehen. Jodie spielt die Tochter in diesem Film, der sich kaum in den Kinos hielt und schnell in den Videoshops landete. In Deutschland wurde er überhaupt nicht gezeigt.

Und dann folgten wieder die lästigen Interviews, PR-Auftritte und Fototermine. Und wieder merkte sie, daß niemand von den Journalisten ernsthaft an dem Film interessiert war, sondern nur an ihrer Verfassung. Wie hatte sie das Attentat verarbeitet? Wie lebte sie heute? Wachte sie nachts schweißgebadet auf? Was dachte sie über John Hinckley? Tat er ihr vielleicht sogar leid?

Jodie wurde wütend, blieb jedoch nach außen hin höflich und gelassen, überging aber Fragen, die sie nicht beantworten wollte. Fortan brieften ihre PR-Berater jeden, der mit ihr sprechen durfte. Das Attentat war tabu. Und gleich mit auf die schwarze Liste gesetzt wurden Fragen nach ihrem Vater, der Beziehung zur Mutter und nach ihrer sexuellen Neigung. Jodie wollte nichts mehr von sich preisgeben, sich von niemandem in die Karten sehen lassen. Von nun an sollte alles, was man von ihr zu sehen und hören bekam, auf der Leinwand stattfinden. Das hatte zu genügen.

Tony Richardson, der sich mit Jodie in New York traf, um mit ihr den Film HOTEL NEW HAMPSHIRE zu besprechen, erinnert sich an eine Jodie, die richtig verloren wirkte, als er sie am Abend wieder an den Zug brachte. »Diese einsame, kleine Figur, die jeden Moment von irgend so einem Verrückten niedergeschossen werden konnte, tat mir unendlich leid.« Das war natürlich das allerletzte, was Jodie wollte. Doch wer kann sich schon immer verstellen?

HOTEL NEW HAMPSHIRE sollte in Montreal gedreht werden. Der Film nach dem gleichnamigen Buch von John Irving handelt von einer exzentrischen Familie, der die merkwürdigsten Dinge zustoßen. Und für

eine kurze Zeit lernte Jodie wieder, Menschen zu vertrauen, zu lieben und Spaß zu haben.

Jodie stellte Franny Berry dar, die mit ihrem einen Bruder eine Liebesaffäre hat und sich mit dem anderen, der schwul ist, ständig in den Haaren liegt. Außerdem hat sie eine lesbische Beziehung zu einer Frau, die ihre Komplexe hinter einem Bärenkostüm verbirgt, und wird von einem Schulkameraden vergewaltigt. Eine Figur, die viel auszuhalten hat – aber es war ja schließlich nur eine Rolle. Und da Jodie nicht in ihre Charaktere schlüpfte, sondern sie nur spielte, kein Problem.

Die Dreharbeiten waren ein einziger Spaß. Nastassja Kinski, die die Bärenfrau spielte, und Jodie waren so albern, daß sich niemand an die beiden herantraute. Jeder bekam sein Fett weg. Mit von der Partie war noch Rob Lowe, der den verliebten Bruder spielte. Er wurde in den geheimen Zirkel aufgenommen, und die drei wurden unzertrennlich, nicht nur vor der Kamera. Sie verbrachten jede freie Minute zusammen.

Es gab allerdings zwei Begebenheiten, wo Jodie nicht mitspielte und auf stur stellte. Als Tony Richardson von ihr verlangte, sich auszuziehen, sagte sie nein. »Wenn du Schauspielerin sein willst, dann machst du das«, forderte er. Aber Jodie entgegnete: »O. k., dann bin ich eben keine Schauspielerin. Ich will dir was sagen: Es würde bescheuert aussehen, wenn ich es machen würde, weil man mir auf hundert Meter Entfernung ansehen würde, wie unwohl ich mich fühle.« Sie war auch nicht bereit, die Vergewaltigungsszene zu spielen. Ironischerweise sollte ihr u. a. die Darstellung einer Vergewaltigung in ANGEKLAGT ein paar Jahre später den ersten Oscar einbringen.

Jodie setzte sich durch, sie mußte sich nicht ausziehen und sich auch nicht vor der Kamera vergewaltigen lassen. Und wieder hatten sie und Nastassja was zum Lachen. Die beiden verband eine sehr innige Freundschaft. Und Jodie schrieb ein Porträt über ihre Freundin für die Zeitschrift *Interview*:

»Nastassja ist das schönste Mädchen der Welt, aber sie selbst hält sich für häßlich. Aus diesem Grund traut sie niemandem, der ihr sagt, daß er sie liebt. So einer ist in ihren Augen entweder nicht ganz richtig im Kopf oder er lügt.

Sie hat immer irgendwelche Essensreste im Gesicht, ihre Klamotten sind fleckig, und sie trägt Turnschuhe

zu Wildlederhosen. Dieses Mädchen ist nicht von dieser Welt, aber genau das ist es, was ich so an ihr liebe.«

An die Zeit in Montreal erinnert sich Jodie gern. Alle waren wie eine große Familie, und sie konnte sich gehenlassen. »Ich bin zwar immer noch die gleiche Jodie, die pünktlich auf dem Set erscheint und ihren Text weiß, aber ich genieße es, den ganzen Tag zu lachen und einfach nur verrückt zu spielen. Ich fühle mich total unreif, obwohl ich denke, daß in dieser Erkenntnis bereits eine gewisse Reife steckt.«

Sie liebte den Film, der ihrer Meinung wie kein anderer zeigte, was ein Mensch alles mitmachen muß, um erwachsen zu werden. »Es gibt Momente und Begebenheiten, die einen prägen, die die Persönlichkeit ausmachen. Und das sollte man nicht einfach wegwischen, weil's dumm war oder quälend.«

Auch ihre Freundschaft mit Rob Lowe intensivierte sich. Doch alles blieb wieder streng platonisch. Keine Romanze, kein Liebesabenteuer, einfach nur Freundschaft. Beziehungen zu gutaussehenden Männern ziehen sich wie ein roter Faden durch Jodies Leben. Doch niemals ist die Rede von Sex. Über Rob Lowe sagte sie: »Er könnte mein kleiner Bruder sein. Wir sind gerne zusammen und reden dummes Zeug oder spielen Monopoly. Ich kenne ihn nicht als Sexsymbol mit Ohrring und Lederjacke. Für mich ist er ein Kind, das eine Brille trägt. Natürlich sehe ich, wie er auf Frauen wirkt, er sieht ja tatsächlich sehr gut aus und ist wahnsinnig charmant. Aber das gleiche denke ich von meinem Bruder.«

Rob neckte sie immer, wenn sie wieder mal ihren Präzisionstick raushängen ließ und allen damit auf die Nerven ging. Aber Jodie nahm's gelassen. »Sag' mir, wo ich stehen soll, und ich bin da. Das hat wahrscheinlich was mit Sicherheit zu tun. Wenn das klar ist, kann ich mich auf andere Dinge konzentrieren.« Sicherheit und Stabilität sind das Hauptthema in Jodies unregelmäßigem Leben. Das braucht sie wie Ordnung und Disziplin, um sich daran festzuhalten, sonst hat sie das Gefühl, im Chaos unterzugehen. Das gibt sie unumwunden zu: »Wenn zum Beispiel der Fahrer oder meine Mom, wer immer mich abholen sollte, nicht pünktlich war, dann bekam ich Panikanfälle. Ich wurde rot, fing an zu zittern, und der kalte Schweiß lief mir den Rücken runter. Bei mir muß alles seine Ordnung haben, oder ich flippe aus. Richtig langweilig und blöd, aber so bin ich nun mal. Das hat mit meiner Kindheit zu tun. Ich wurde ewig aus der Schule rausgenommen, zu den unterschiedlichsten Zeiten, um zu filmen. Ich habe nie Regelmäßigkeit kennengelernt.«

Als die Dreharbeiten zu Ende waren, ließen sich alle vollaufen. Jeder war traurig, aber das Leben ging weiter. Für Jodie bedeutete das: ein neuer Film. In Frankreich drehte Claude Chabrol DAS BLUT DER ANDEREN nach dem Roman LE SANG DES AUTRES von Simone de Beauvoir. In diesem Drama aus dem Zweiten Weltkrieg spielt Jodie die Assistentin einer Pariser Modedesignerin, die sich in einen Kämpfer der Resistance verliebt. In Röcken und Kleidern, mit Hüten und makellos gelegten Frisuren sieht man eine völlig unbekannte Jodie. Die junge Frau, die im richtigen Leben lieber Jeans, T-Shirt und Cowboystiefel trägt, die alles haßt, was irgendwie an ihre Weiblichkeit erinnert, mußte eine Dame spielen. Glücklich war sie dabei nicht.

Zum Ende der Dreharbeiten erfuhr sie, daß John Hinckley Jr. wegen Unzurechnungsfähigkeit freigesprochen worden war. Sie brach zusammen. Was bedeutete das für sie? War sie jetzt überhaupt nicht mehr sicher? Mußte sie nun jederzeit damit rechnen, von John Hinckley angefallen oder erschossen zu werden? Wie konnte sie, eine Person des öffentlichen Lebens, ihr Leben geheimhalten? Statt nach New York zu fliegen, besuchte sie Freunde im Schwarzwald. Sie wollte nichts darüber lesen oder sehen und vor allen Dingen nicht von aufdringlichen Journalisten belästigt werden.

Zu allem Überfluß nahm man Jodie auf ihrem Rückflug, kurz vor Weihnachten 1983, auf dem Logan International Airport in Boston fest. Der Zoll hatte knapp ein Gramm Kokain in ihrer Tasche gefunden. Nachdem sie hundert Dollar Strafe bezahlt hatte, wurde sie jedoch wieder freigelassen. Niemand machte eine große Geschichte daraus. Jeder schien zu verstehen, daß sie unter enormem Streß stand und nur nach einem Ventil gesucht hatte. Später, im Januar 1984, wurde sie zu fünfhundert Dollar Strafe verurteilt und bekam ein Jahr auf Bewährung. Das war angeblich das allgemein übliche Strafmaß für solch ein Vergehen. Und weil sie wieder Todesdrohungen erhalten hatte, wurden Ort und Datum der Verhandlung geheimgehalten. Somit geriet das Thema auch schnell in Vergessenheit.

Nach diesem Vorfall schwor sich Jodie, sich von der ganzen Hinckley-Angelegenheit nicht mehr runterreißen zu lassen. Sie fing mit Fitneßtraining an, um die überflüssigen Pfunde loszuwerden, und lernte Kickboxen, um ihre Aggressionen abzureagieren. Außerdem konnte es nie schaden, wenn man sich selbst verteidigen konnte. Wer auch immer ihr an die Wäsche wollte, würde künftig kein leichtes Spiel haben. Die körperliche Aktivität schien ihr gutzutun und wirkte sich auch auf ihr Studium aus, das in letzter Zeit ein wenig gelitten hatte. Sie konzentrierte sich nach guter alter Jodie-Art auf die afroamerikanische Schriftstellerin Tony Morrison, über die sie auch ihre Abschlußarbeit verfaßte, und verließ Yale mit »magna cum laude« als Examensprädikat.

An den letzten Tagen ihres Studiums jedoch wurde

sie wieder von Ungewißheit geplagt. Sie war sich jetzt zwar klar darüber, daß sie Schauspielerin bleiben wollte, aber die Zukunft machte ihr angst. Was hatte sie schon vorzuweisen außer jahrelanger Erfahrung und Talent? Ihre jüngsten Filme waren für Hollywood-Standard alle zu nichtssagend gewesen. Und die Gesetze in der Filmmetropole waren hart: Man wurde immer nur nach dem letzten Hit beurteilt. Oder der letzten Niete. Alles andere zählte nicht.

Das alles deprimierte sie so sehr, daß sie sich nach dem Abschluß sechs Monate lang im Bett versteckte. Sie las, sah fern, aß und wurde wieder rund. Die Depressionen hatten sie voll im Griff. »Ich fühlte mich so leer und so allein.«

4. Kapitel

Hollywood bat sie wieder

Filme

*Schauspielen ist no big deal. Man kann es, oder man kann
es nicht.*
Jodie Foster

In einem gemieteten Apartment in Los Angeles hing
Jodie ihren Gedanken nach, die wie eine graue Wolke
ihren Kopf verhüllten. Jetzt, wo sie dem Alter nach erwachsen war, fühlte sie sich überfordert. Es gab niemanden, der ihr sagte, was sie zu tun hatte, und sie
hing verloren in der Luft. »Ich hatte gedacht, wenn's
ganz schlimm wird und ich meine Kontrolle verliere,
dann wird schon irgendwas passieren und mich wieder auf die Füße bringen. Aber das einzige, was ich
lernte, war, daß man allein ist, wenn einem was
Schlimmes passiert. Völlig allein.«

Doch eines Tages wachte sie auf, und wie schon einmal zuvor, begann sie wieder mit dem Fitneßtraining.
Sie machte Yoga, Karate, Aerobics und stemmte Gewichte. Aß nur noch biodynamisch zubereitete Gerich-
te und fühlte sich jeden Tag besser. »Ich habe mich wie-

der selbst aufgebaut, statt in den Abgrund zu fallen. Meine Disziplin hat mir geholfen, mich zu regenerieren«, sagte sie später stolz. Sie wußte, daß nur Arbeit ihr wieder festen Boden unter den Füßen verschaffen würde. Doch irgendwie schien überall der Wurm drin zu sein. Die Filme, die sie drehte, entpuppten sich als reine Außenseiterfilme, allesamt Flops. Jodie Foster verlor nicht nur Geld, sondern auch ihre Glaubwürdigkeit bei den Studios.

Aus dem süßen Fratz von einst war eine Frau geworden, die ihr Handwerk im Schlaf beherrschte. Das allein genügte aber nicht. In Hollywood zählt vor allen Dingen Aussehen. Und Jodies Attraktivität lag in ihrer intelligenten Ausstrahlung, nicht in ihrer Schönheit. Eine Michelle Pfeiffer war sie nicht. Außerdem war sie immer noch etwas zu mollig, und ihre Rundungen saßen an den verkehrten Stellen. Von vielen Filmkritikern wurde sie zwar für ihre Darstellungskunst gelobt, aber das half ihr auch nicht weiter. Bis es zum Durchbruch kommen sollte, drehte sie ein paar nicht sonderlich erwähnenswerte Filme.

IN GUTEN UND IN SCHLECHTEN ZEITEN spielt Ende des neunzehnten Jahrhunderts in Neuseeland. Jodie ist darin eine junge Frau, die mit einem viel älteren Mann verheiratet ist. Für sie gibt es nur einen Ausweg aus der unglücklichen Ehe. Das mörderische Drama basiert auf einer wahren Geschichte, und Jodie war davon begeistert. Nur, der Film hielt nicht, was das Drehbuch versprochen hatte. In SIESTA, einem Antonioni-artigen Film über Alptraum und Wirklichkeit, hat sie eine Nebenrolle als kecke britische Upperclass-Zicke. Und auch mit FIVE CORNERS landete die mittlerweile Fünfundzwanzigjährige wieder keinen Hit. Es war wie verhext. Viele Insider meinten schon, sie sollte sich besser wieder von Brandy managen lassen.

FIVE CORNERS spielt in den Sechzigern in der Bronx. Jodie ist eine Verkäuferin in einer Tierhandlung und hat einen netten Freund. Alles wäre in Ordnung, wenn da nicht dieser Verrückte wäre, der sie mit seiner krankhaften Liebe verfolgt. Gerade aus dem Gefängnis entlassen, beschattet er sie, bis er sie schließlich überwältigen kann. Parallelen zu ihrem Leben sieht Jodie darin angeblich nicht. »Der Film handelt in erster Linie vom Leben in diesem kleinen Teil der Stadt, den es so heute nicht mehr gibt«, sagt sie. »Zugegeben, das Drehbuch ist etwas merkwürdig und abgehoben. Aber als ich es las, fand ich es oft sogar witzig.«

Es regte sie auf, daß man ihr die Hinckley-Geschichte immer und immer wieder unter die Nase hielt. »Kann das nicht mal ein Ende haben? Ich wünschte, die Leute würden sich für die Schauspielerin Jodie Foster interessieren.« Aber die hatte dem Publikum im Moment nicht viel zu bieten. Auf der Suche nach guten Drehbüchern, wie sie sagte, und nicht nach saftigen Rollen, die erfolgversprechend waren, landete sie immer mehr im Abseits. »Ich mache keine Filme, weil ich von den Rollen etwas lernen könnte oder weil der Charakter jemanden darstellt, den ich schon immer spielen wollte. Das tun zwar viele Schauspieler, aber ich sehe keinen Sinn darin.«

»Jede Rolle, die ich annehme, hat mit der Befreiung des Charakters zu tun. Jemand, der nicht lebt, der kein Hirn hat, wacht plötzlich auf, jemand, der enttäuscht wurde oder gequält, der ein Opfer ist, was auch immer. Und der Schauspieler füllt das aus.« Aber sie schlüpfte nicht vollständig in den jeweiligen Charakter, wie zum Beispiel Meryl Streep es tut. »Ich habe nie Gefühle für meine Rollen. Die kommen nur, wenn ich die Worte spreche, weil ich mich konzentriere. Aber sobald der Regisseur ›Cut!‹ ruft, bin ich wieder Jodie. Ich schleppe meine Rolle nicht nach Hause. Ich bin jemand, der sein Handwerk versteht, ich mache meine Arbeit wie jeder andere auf dem Set. Wie der Elektriker zum Beispiel. Die Rolle auf der Leinwand, das bin nicht ich. Das ist etwas, was ich für den Film geschaffen habe. Ich weiß, wer ich bin. Ich verliere mich nie in meinen Charakteren.«

Jodie war eben anders. »Method-acting« wies sie immer noch weit von sich. »Das unterstützt nur die Konzentration. Und darin bin ich ja ohnehin gut. So einer wie Robert De Niro, ja, der braucht das. Der hat Schwierigkeiten, sich zu konzentrieren.« Selbstverständlich hat sie die Standardwerke der großen Schauspiellehrer wie Lee Strasberg gelesen, »aber nur, um mir ein paar Schlagworte anzueignen, mit denen einige Regisseure so gern um sich werfen«.

Sie recherchiert auch nicht gern oder bereitet sich auf die Rolle vor. Und was sie am meisten haßt, sind Proben. »Ich geh' lieber frisch ran an die Sache, schnell, spontan. Ich brauch' nur ›Action‹ zu hören und los geht's. Wie bei dem Hund von Pawlow. Alles reiner Reflex. Entweder trifft man es dann auf den Punkt oder nicht.«

Während der Dreharbeiten zu FIVE CORNERS wohnte sie in einem gemieteten Apartment in Manhattan. Da fühlte sie sich unbeobachtet. Große Hotels waren ihr nicht sicher genug. Jodie kniete sich total in die Arbeit und verbrachte sogar ihre drehfreie Zeit auf dem Set. Sie sah dem Regisseur, den Tontechnikern und den Kameraleuten über die Schulter, ließ sich alles erklären und machte – natürlich – auch Verbesserungsvorschläge. »Die Arbeit ist toll, weil hier jeder alles tut. Man hat nicht immer das Glück, mit so einem Team zu arbeiten.«

Oscar & Co.

*Druck und Streß kann ich gut verkraften. Aber wenn
mich jemand wie einen Star oder was Besonderes behandelt,
dann kann ich nicht spielen.*
Jodie Foster

Zum Vorsprechen für die Rolle in ANGEKLAGT
trug sie einen schwarzen Minirock und ein offenherzi-
ges Oberteil, das die Produzenten von den Socken hau-
te. So hatte man Jodie Foster noch nicht gesehen. Und
Jodie beharrt auch bis heute darauf, daß nie jemand sie
so gesehen hat: »Wieso sollte ich so zum Vorsprechen
gehen? Das wäre ja, als ob ich eine Postmütze aufset-
zen würde, weil ich einen Postbeamten spielen wollte.« Sie sagt, daß sie einen ärmellosen Rollkragenpull-
over, schwarze Jeans und Cowboystiefel getragen hat.
Auf »den dämlichen Screentest«* hatte sie sich nicht
vorbereitet. Sie wußte angeblich nicht mal, daß sie ei-

---

* Screentest = Probeaufnahme, bei der die Leinwandpräsenz gete-
  stet wird.

nen machen sollte. Doch Jodies Karriereknick zwang sie dazu. So schnell vergaß man in Hollywood.

Jonathan Kaplan, der Regisseur, wollte gern mit ihr arbeiten. Er liebte ihre Aufrichtigkeit und ihre Professionalität. Als sein Projekt spruchreif wurde, rief er sie an: »Ich habe zwar nicht den Einfluß, dir diese Rolle zu geben, aber ich will unbedingt, daß du sie bekommst. Ruf den Produzenten Stanley Jaffe an.« Jodies Gegenfrage: »Der will wissen, ob ich immer noch fett bin, stimmt's?« Und so war's. Aber zu diesem Zeitpunkt hatte sie ja bereits wieder abgespeckt und viele Stunden im Fitneßstudio verbracht, um ihren Körper in Form zu bringen. Kaplan wollte es erst nicht zugeben, doch Jodie beruhigte ihn: »Ich nehme das nicht persönlich, dazu bin ich zu lange im Geschäft. Ich kann mir nicht leisten, übersensibel zu sein.« Was sie allerdings wurmte, war, daß man sie fast vier Wochen auf eine Antwort warten ließ. Erst eine Woche, bevor die Dreharbeiten begannen, gab man ihr grünes Licht. »Die haben immer noch auf jemanden besseres gehofft«, sagte sie. Kein Wort über ihre schlaflosen Nächte, ihre Angstausbrüche, daß man absagen könnte. Später erfuhr sie, daß Jonathan Kaplan und Kelly McGillis, die ebenfalls mitspielte, gedroht hatten, auszusteigen, wenn sie, Jodie, nicht genommen würde.

Das Manuskript basierte auf einer tatsächlichen Geschichte, die 1983 in Big Dan's Tavern in New Bedford, Massachusetts, stattgefunden hatte. Eine junge Frau, die sich ein Päckchen Zigaretten aus der Bar holen wollte, wurde beim Rausgehen von einem der Männer mit dem Messer bedroht, auf den Billardtisch gezerrt und dann von ihm und nacheinander von mehreren anderen vergewaltigt. Die Männer heizten sich gegenseitig an und klatschten auch noch Beifall. Schließlich gelang es ihr zu fliehen. Ein Autofahrer nahm sie mit und brachte sie ins Krankenhaus. Als den Vergewaltigern der Prozeß gemacht wurde, behaupteten sie, daß es ihre eigene Schuld gewesen sei. Ihre Jeans waren zu eng und der Pulli zu prall gefüllt. Die junge Frau hat die Vergewaltigung nie verkraftet. Drei Jahre später beging sie Selbstmord.

Im Film hat Sarah, wie die Frau genannt wurde, ihrem Freund den Laufpaß gegeben. Sie kommt in die Bar, fühlt sich toll, schön, sexy und stark. Als sie mit den anderen am Flipperautomaten steht, bildet sie sich ein, daß sie dazugehört. Und dann spielt die Jukebox ihr Lieblingslied, und Sarah fängt an zu tanzen. »Ich kenn' das. Hab' das tausendmal selbst erfahren. Man fühlt sich großartig und tanzt. Völlig selbstverloren. Und warum auch nicht? Aber in dem Moment wird sie ausgenutzt von den Jungs. Und das macht mich so wütend. Was gibt den Männern das Recht, über Frauen zu bestimmen?« Sarah wird auf dem Flipperautomaten von einem nach dem anderen vergewaltigt, während die übrigen Gäste herumstehen und Beifall klatschen.

Sarah Tobias ist nicht übermäßig intelligent. Außerdem gehört sie einer Gesellschaftsschicht an, die allgemein gern übersehen wird, und auch das wird ihr als Nachteil angekreidet. Aber sie ist ein Mensch. Jodie reizte es, auf der Verliererseite zu kämpfen. Das gab ihr die Chance, die Rolle der Sarah aufzubauen und stark zu machen. Eine Spezialität von ihr. Nach dem Motto: Es ist alles möglich, wenn man nur will. Und das war letztendlich ja auch ihre eigene Geschichte.

»Ich wollte Sarah eine Stimme geben, ihr helfen, stark zu werden und sich gegen die Rolle des Opfers, die Anwälte und Gesellschaft ihr aufzwangen, zu wehren. Eine Frau, die vergewaltigt wird, darf sich nicht länger verstecken. Damit muß endlich Schluß sein.« In einem zweiten Verfahren klagt Sarah alle an, die tatenlos zugesehen und Beifall geklatscht hatten. Und sie gewinnt. Es ist ein Sieg über die Peinlichkeit und den Schmerz, der ihr gequältes Selbstbewußtsein wieder aufbaut. »Der Film ist für Frauen und Männer gleichermaßen interessant und wichtig, weil er sie zum Nachdenken und Diskutieren auffordert. Wenn ich da-

mit auch nur einer Frau Mut gemacht habe, dann bin ich schon glücklich.«

Diesmal war Jodie bereit für die Vergewaltigungsszene. Und Kaplan versicherte ihr, daß er alle nötigen Vorbereitungen treffen würde, um es ihr so leicht wie möglich zu machen. Doch sie sagte: »Egal, was du machst, es wird mir weh tun. So etwas kann man nicht spielen, ohne emotionale Schrammen zu bekommen. Selbst ich, und ich bin wirklich stark, kann das nicht. Ich verspreche dir aber, daß ich es überleben werde.« Kaplan selbst nahm die Szene sehr mit: »Das war eine echte Vergewaltigung. Es gab nur einen Unterschied, ich konnte ›CUT!‹ schreien und der Spuk war vorbei.«

Fünf Tage dauerte es, bis die Szene im Kasten war. Eine harte Belastung für alle Beteiligten. Immer, wenn die Kameras nicht liefen, lagen Jodie und ihre »Vergewaltiger« sich in den Armen und beruhigten sich gegenseitig. Typisch für Jodie, sie tröstete die Jungs, statt sich trösten zu lassen. Das war ihre Art, mit dem Schmerz umzugehen, den sie nicht für sich selbst zulassen wollte. Außerdem wollte sie nicht, daß sie sich schuldig fühlten. Es war doch nur ein Film.

Sie spürte jedoch, daß es diesmal anders war. Diese Rolle war zu intensiv, um nicht von ihr beherrscht zu werden. Auch wenn es nur ganz kurz war. »Wenn ich vom Flipperautomaten runterstieg, konnte ich mich an nichts mehr erinnern. Normalerweise sehe ich jede Fliege, die Mikrofone, jedes Detail. Aber diesmal war das anders.« Mit diesem Film war Jodie auch über sich selbst hinausgewachsen. Zum erstenmal gestand sie sich ein, daß sie eine Schauspielerin war und nicht jemand, der nur schauspielerte. »Ich hatte mir nie selbst erlaubt, mich in einer Rolle zu verlieren.«

Bei den Filmvorführungen abends, den Dailies, an denen die gedrehten Szenen vom Tag gezeigt wurden, war sie wieder cool und riß Witze darüber. »Das Drehen selbst hat mir nicht so viel ausgemacht. Ich habe kaum darüber nachgedacht. Nur die vielen blauen Flecken erinnerten mich daran. Die anderen dachten, daß es furchtbar für mich gewesen sein muß. Und wenn ich nach Hause kam, fühlte ich mich schuldig, daß ich so gut drauf war. Mich hat das nicht verfolgt, und es hat mir auch keine schlaflosen Nächte bereitet. O. k., ich hab' ein bißchen geweint, aber wenn, dann habe ich immer sofort mit den Leuten geredet. Und dann war alles gut.«

Daß sie eine ganze Woche nicht essen und auch nicht schlafen konnte und daß die Äderchen in ihren Augen vom vielen Weinen geplatzt waren, schien sie verdrängt zu haben. Sie war so euphorisch, schwebte wie auf Wolken und wußte, daß der Film ein Erfolg werden würde. »Gute Arbeit zu leisten ist immer befriedigend. Das schwierigste für mich war nicht die Vergewaltigungsszene, sondern der Tanz. Dieser lange, einsame und aufreizende Tanz. Sarah merkt nicht, daß sie Zuschauer hat. Aber ich wußte ganz genau, daß hier 75 Leute standen, die nicht tanzten. Und dann haben sie auch noch die Musik abgestellt. Das war mir echt peinlich. So was ist mir immer peinlich. Und das sag' ich auch, damit man nicht über mich lacht.«

Während der Dreharbeiten waren sich Kelly McGillis, die Sarahs Anwältin spielt, und Jodie sehr nahegekommen. »Ich habe noch nie Freundschaften beim Drehen geschlossen, außer bei HOTEL NEW HAMPSHIRE. Aber bei Kelly und mir funkte es sofort.« Gerüchte machten die Runde, daß die beiden eine lesbische Beziehung verband. Das einzige, was Jodie dazu zu sagen hatte, war, daß Kelly wie eine Schwester für sie ist. Wieder eine Frau, die sie bewunderte, wie vorher Nastassja Kinski. Zu den öffentlichen Aufforderungen von Lesben- und Schwulenorganisationen, die Stars aus der Reserve locken wollten, sich endlich öffentlich zu ihren Neigungen zu bekennen, schwieg Jodie. Sie setzte darauf, daß die Gerüchte irgendwann von selbst verstummen würden. Anlaß zu dem erneuten Angriff war eine angebliche Eifersuchtsszene zwischen Jodie und Kelly gewesen, die auf dem Set stattgefunden haben sollte.

Aber auch beim Regisseur fühlte sie sich wohl. Er wußte, mit ihr umzugehen, hielt mit seiner Kritik nicht hinter dem Berg, und sie war dankbar dafür. »Jonathan merkte sofort, wenn ich nicht richtig drauf war, er wußte und sah alles. Das war schon beinahe beängstigend. Er kannte meine kleinen Eigenheiten, die ich niemandem auf die Nase binde, konnte meine Gesten deuten und Gedanken lesen. Ich änderte zum Beispiel mehrmals meinen Dialog, und er verstand schweigend, warum ich das tat.« Am ersten Tag auf dem Set war sie allerdings irritiert. »Jonathan sagte, was machst du mit deinen Händen? Das sieht dämlich aus.

Laß das. So hatte noch nie jemand mit mir geredet. Aber man gewöhnt sich an seine Offenheit. Seine Kritik ist konstruktiv und nicht launisch oder blöd. Er ist der beste Regisseur für Schauspieler, mit dem ich seit Jahren zusammengearbeitet habe.«

Jonathan Kaplan nannte Jodie ein »bossy little thing« (BLT), ein rechthaberisches kleines Ding. Aber er schätzte ihre Professionalität und arbeitete gern mit ihr.

Am Ende der Dreharbeiten war sie ziemlich mitgenommen, emotional ausgelaugt. »Zum erstenmal in meinem Leben hatte ich die Dinge nicht mehr unter Kontrolle. Ich wollte nach Nigeria ziehen und Professorin werden und nie mehr so was Emotionales drehen. Nur im Bett liegen und Hasch rauchen.« Aber sie blieb, denn endlich verstand sie, warum Schauspieler

weiterarbeiteten, obwohl es manchmal so weh tat. »Das ist wie eine Sucht. Ohne dieses Gift kann man nicht mehr leben. Früher hab' ich es nie ernst genommen, wenn Leute sagten: ›Ich tu' alles, nur um schauspielen zu können, ich muß das einfach machen.‹ Heute, wo ich etwas so Provozierendes geleistet habe, verstehe ich es.«

Statt im Bett zu liegen, machte sie die Discos unsicher. Jodie tanzte wie Sarah Tobias. »Ich hatte nur einen Wunsch, nämlich, daß alle Welt denken sollte, was für ein cooles Outfit ich trug. Ich ging in coole Clubs, hing mit coolen Leuten rum und fuhr in coolen Autos durch die Gegend.« Sie wollte die Rolle vergessen, nicht mehr dran denken, denn sie dachte, daß sie furchtbar gewesen war. »Als ich klein war, folgte ich den Anweisungen der Regisseure haargenau. Ich zeigte mit meinem Zeh in die linke Ecke und hielt meinen Kopf leicht geneigt nach rechts, bis es dem Kameramann gefiel. Mein ganzes Streben ging dahin, alles immer richtig zu machen. Und wenn ich den Nagel auf den Kopf getroffen hatte, wurde laut geklatscht. Aber bei ANGEKLAGT hing ich völlig in der Luft. Ich konnte keiner Anleitung folgen. Und ich dachte, das ist das Ende meiner Karriere.«

Als sie erfuhr, daß ihre Rolle für den Oscar nominiert worden war, konnte sie es erst nicht glauben. Und als sie die begehrte Trophäe dann wirklich in den Händen hielt, war ihr mulmig zumute. Wieder drohte die Verantwortung sie zu erdrücken. Jetzt durfte sie nie mehr versagen. Was würden die Leute sonst denken?

Doch kaum ein Business ist so launisch und instabil wie das Filmgeschäft. Und es ist unmöglich, die Spreu vom Weizen zu trennen. Jodie griff gleich zweimal daneben. Heute gibt sie zu, daß KATIES SEHNSUCHT zu drehen ein Fehler war. Aber damals ging sie dafür auf die Barrikaden. »Ich kenne nicht viele Filme, wo das Vorbild eines Jungen eine Frau ist. Und damit meine ich nicht seine erste große Liebe, sondern jemanden, der so ist, wie er selbst gern sein möchte.« Katie Chandler, der Charakter, den sie spielte, hat sich umgebracht und erscheint nur in Rückblenden. Ihr Freund, ein gescheiterter Baseballspieler, erhält ihre Urne zur Aufbewahrung, und damit nimmt sein Leben eine neue Wendung. Seine Erinnerungen an die Zeit mit Katie öffnen ihm die Augen für vieles, was er falsch gemacht hat. Sie ist sein Vorbild, sein Idol, und er findet wieder auf den richtigen Weg. »Der Film ist so ehrlich. Er handelt von Freunden und wie Freundschaften das eigene Leben beeinflussen.« Sie verstand nicht, daß ein Film, in dem eine Whoopi Goldberg Diamanten und eine Ladung Koks in Miami findet, wichtiger sein sollte als die Botschaft, wie Männer lernen können, Männer zu werden. Nämlich, indem sie Frauen anbeten.

Die größte Enttäuschung für Jodie war jedoch der Film CATCHFIRE. »Ich habe keine Ahnung, wieso ich diese Rolle angenommen habe. Das ist absolut kein Highlight meiner Kinogeschichte. Wahrscheinlich habe ich mich von Dennis Hopper, der sehr überzeugend sein kann, einfach überrumpeln lassen.« Dennis war Regisseur und Hauptdarsteller in einer Person. Er spielt einen Mafiakiller, der besessen ist von der Frau, die er umbringen soll. Als auch sie sich in ihn verliebt, bleibt den beiden nur noch die Flucht, denn die Mafia und das FBI sind ihnen auf den Fersen.

»Schon die Dreharbeiten waren verteufelt. Nach einer Woche merkte ich, daß das ein entsetzlicher Film wird. Aber ich konnte doch nicht einfach alles hinschmeißen. Die ganze Zeit fragte ich mich, warum er machte, was er machte, und dachte, das Ganze ist ein Witz – oder? Aber da mußte ich durch und danach damit leben. Was anderes blieb mir nicht. Dennis ist ein absoluter Kontrollfreak, den man nicht beeinflussen kann.«

Sie fühlte sich betrogen. »Ich werde sehr freundlich, wenn jemand versucht, mich übers Ohr zu hauen. Nach dem Motto: Je mehr du versuchst, mich zu verarschen, desto mehr mache ich dicht.« Doch Dennis hat von alledem nichts bemerkt. »Der war davon überzeugt, daß alles wunderbar lief. Hatte keinen blassen Schimmer. War viel zu beschäftigt mit sich selbst, um zu merken, wie sich die anderen quälten. Der benimmt sich gern wie der ekelhafteste Mensch der Welt, aber das schreckt mich nicht ab. Für mich ist er wie ein kleiner, autoritärer Bruder.«

Die Dreharbeiten fanden in Taos, New Mexico, statt, und Jodie entdeckte ihre Liebe zur Natur. Die rauhe, rosafarbene Wüste und die sensationellen Sonnenuntergänge waren für sie ein überwältigendes Erlebnis. »Ich bin stundenlang durch die Wüste gekurvt und in

den Schluchten rumgekraxelt. Das war sehr befreiend für mich.« So konnte sie die fürchterlichen Dreharbeiten ertragen.

Zurück in Los Angeles las sie von morgens bis abends Drehbücher. Sie konnte sich nicht länger auf ihrem Oscar ausruhen, sie mußte endlich wieder eine gute Rolle bekommen. Sonst konnte sie bald einpacken. Ihre letzten beiden Mißerfolge nagten heftig an ihrem Selbstbewußtsein. Je höher man stieg, desto tiefer konnte man fallen, das tickte wie eine Zeitbombe in ihrem Kopf. Wo waren die guten Rollen?

Der Zufall wollte es, daß Michelle Pfeiffer, der Jonathan Demme eine Rolle in seinem Film DAS SCHWEIGEN DER LÄMMER angeboten hatte, abgelehnt hatte. Jodie glaubte zu träumen. Vor einiger Zeit hatte sie selbst versucht, die Rechte an dem Buch zu kaufen – erfolglos. Das war ihre Chance. Sie setzte sich, sofort nachdem sie davon erfuhr, in den Flieger nach New York und ging in Demmes Büro. Ohne lange um den heißen Brei rumzureden, legte sie los: »Ich will die zweite Wahl sein. Ich liebe das Drehbuch. Die Gründe für die Rolle sind sehr persönlich«, fügte sie noch hinzu und verließ den Raum. Bereits draußen drehte sie sich aber noch einmal um: »Ich werde Sie wahrscheinlich nicht wiedersehen, aber ich mußte das unbedingt loswerden. Und es ist mir egal, ob ich mich jetzt lächerlich gemacht habe. Ich bin gern ein ›fool for love‹.«

Demme war beeindruckt von ihrer Persönlichkeit, und sie bekam die Rolle. »Ich glaube, er hatte noch nie mit jemandem zusammengearbeitet, der so engagiert war wie ich. Ich habe diesen Film so geliebt, daß ich ständig auf dem Set rumhing, auch wenn ich gar nicht dran war. Ich war wie besessen von diesem Thema.«

Sie war so besessen davon, daß sie sich zum erstenmal in ihrem Leben vor Ort auf die Rolle der jungen FBI-Agentin, Clarice Starling, vorbereitete. Es hatte sie gepackt. Jodie ging zum Hauptsitz des FBI und sprach mit den Agenten über ihre Einsätze, ließ sich Tonbandmitschnitte von grausamen Morden vorspielen, Fotos von entsetzlich verstümmelten Leichen zeigen. Sie ging auch in die Leichenhalle, um sich die Toten anzusehen. »Einen Film wie diesen, der von Schmerz, Horror und Tod handelt, kann man nicht machen, ohne den Tod genau betrachtet zu haben.« Sie wollte wissen, welche Gefühle in den Leuten aufkommen, für die solche Anblicke auf der Tagesordnung standen. Ihr Interesse war sehr detailliert, sie ließ nichts aus, zeigte keine Schwäche, studierte alles mit der ihr eigenen Akribie, ohne sich davon überwältigen zu lassen. Clarice Starling, ihr Charakter, den sie allmählich annahm, durfte nicht zusammenbrechen.

Jeder war von ihrem Einsatz beeindruckt, auch auf dem Set. Jonathan Demme erinnert sich: »Eines Nachts, es war schon zwei Uhr, brannte in Jodies Wohnwagen noch Licht. Ich klopfte. Ein hellwaches ›Herein!‹ empfing mich, und da saß sie, auf einem geraden, schwarzen Stuhl, immer noch in ihrem Clarice-Starling-Kostüm und das Drehbuch auf dem Schoß. Sie sah mich an: ›Was gibt's?‹ Ich war erstaunt. Wir hatten stundenlang gearbeitet, und sie saß da und war nicht totzukriegen. Für mich ist sie der größte Profi unter der Sonne.« Clarice wird von ihrem Arbeitgeber, dem FBI, auf Dr. Hannibal (the Cannibal) Lecter angesetzt. Dr. Lecter ist ein Menschenfleisch essendes Monster. Der ehemalige Psychiater sitzt seit fünfzehn Jahren im Hochsicherheitstrakt eines Gefängnisses ein. Über ihn hofft Clarice, an Informationen über einen Serienmörder ranzukommen. Allgemein als ›Buffalo Bill‹ bekannt, zieht dieser seinen Opfern die Haut über die Ohren.

Der Film ist eine Geschichte über Heldenmut und Kühnheit, aufgebaut auf der klassischen Mythologie. Der Unschuldige zieht aus, den Drachen zu töten, kann es aber nur, wenn er das Wissen von der Quelle des Bösen bekommt. Diese Quelle jedoch ist so gefährlich, daß sie den tapferen Streiter zu zerstören droht.

»Ich war erstaunt, wie haargenau die Geschichte den Nagel auf den Kopf traf. Außer daß es bislang keinen weiblichen Drachentöter gegeben hatte«, sagte Jodie. »Wie wird aus einer Frau ein Samuraikrieger? Indem sie ihren Geist trainiert. Und Dr. Hannibal Lecter ist ihr geistiger Lehrer.« Dr. Lecter will ihr helfen aber nur, wenn sie ihm im Gegenzug dazu von ihren qualvollen und blutigen Kindheitserinnerungen erzählt. Ihr Vater war ermordet worden, und die kleine Clarice wurde zu Verwandten auf einen Bauernhof geschickt, auf dem Lämmer geschlachtet wurden.

Hannibal weiß, wo ihre Schwächen liegen, kennt ihre Tragödie. Und Clarice muß ihre schlimmsten Alpträume überwinden, um das Böse zu besiegen. Der Film baut eine Heldin auf, aber keinen männlichen Abklatsch. »Man pumpt ihr keine Steroids in die Muskeln, um einen weiblichen Arnold Schwarzenegger aus ihr zu machen, damit sie den Typen zusammenhauen kann. Hier werden keine Maschinengewehre eingesetzt, sondern pure Intelligenz.«

Viele dieser Szenen wurden in Nahaufnahmen gedreht. Die Schauspieler mußten direkt in die Kamera spielen. Jodie war allerdings davon überzeugt, daß das nicht möglich war. Selbstbewußt widersprach sie Demme und schlug vor, es anders zu filmen. Doch später gab sie zu, daß seine Idee einfach großartig war.

Sie war aber nicht nur eine Besserwisserin, sondern auch leicht aus der Bahn zu werfen. Nämlich immer dann, wenn sie sich persönlich angegriffen fühlte. In einer Szene machte sich Hannibal, gespielt von Anthony Hopkins, über ihren Akzent lustig, in dem er ihn imitierte. Weil das nicht im Drehbuch stand, war Jodie völlig verunsichert und brach in Tränen aus. »Ich dachte, Anthony macht sich über meinen Akzent lustig, das kann er doch nicht tun.« Doch bald merkte sie, daß ihn keine niederen Beweggründe getrieben hatten. Sein Charakter, Dr. Lecter, wollte die Agentin, die so stark erschien, aus der Bahn werfen, und es war ihm gelungen. In diesem Moment ging Jodie auf, daß Clarice und sie ein- und dieselbe Person waren. Und sie war begeistert.

Hopkins mochte Jodie, bewunderte ihr Talent. »Die Nahaufnahmen von ihrem Gesicht waren exzellent. Sie arbeitet mit minimalem Aufwand. Sie macht nichts, und doch sieht man, wie sich all ihre Gedanken in ihren Augen widerspiegeln. Wie ›O Gott, dieser Mann ist ein Tier, ein Biest‹. Sie zeigt nur ihr Gesicht, sie muß das nicht spielen.«

Ein weiterer Zwischenfall, der ganz harmlos begann, ließ sie zur Salzsäule erstarren. Irgend jemand hatte ein Problem und fragte sie um Rat. Jodie antwortete in ihrer allwissenden Art und gab Tips. Es war Freitagabend, kurz bevor sie nach Hause ging. Als sie am Montag wieder an den Drehort kam, hatte sie die Sache völlig vergessen. So belanglos war es für sie gewesen. Aber plötzlich wurde überall geflüstert, und irgendwie verstummten alle, sobald sie auftauchte. Und als Demme sie sah, schnauzte er sie an: »Das ist mein Film, und ich lasse mir von niemandem, schon gar

nicht von dir, dreinreden. Kapiert?« Jodie war völlig perplex. Glaubte, daß sie doch nur jemandem, der was wissen wollte, einen gutgemeinten Tip gegeben hatte. Sonst nichts. Aber man hatte ihn gewarnt, er sollte auf Jodie hören, weil sie der Star sei. Das war das allerletzte, was sie wollte. Und es regte sie derart auf, daß sie in der nächsten Szene ihren Akzent vergaß. »O Gott, war mir das peinlich. Eine ganze Szene ohne Akzent!«

Das Getue, daß sie nicht wie jeder andere, sondern was Besonderes war, hatte sie völlig verunsichert. Als die Luft beim Lunch noch dicker wurde, platzte sie: »Es macht mich verrückt, wenn hinter meinem Rücken geflüstert wird. Das killt mich. Ich kann alles ab, selbst Schmerz, aber ich kann es nicht ertragen, wenn man mich wie die Prinzessin auf der Erbse behandelt.« Nach diesem Ausbruch normalisierte sich allmählich alles wieder, und sie mußte sich nicht länger ausgeschlossen fühlen. Aber es zeigte ihr auch, daß sie ihre krampfhaft angestrebte Normalität ständig zu verteidigen hatte.

Jodie, die sich selten einen ihrer Filme ansieht, ohne über sich selbst zu witzeln, fühlte sich sehr geschmeichelt, als sie DAS SCHWEIGEN DER LÄMMER im Casino von Atlantic City zum erstenmal sah. »Anthony und ich machten ständig Blödsinn, und wir lachten uns kaputt.« Aber während der spannenden Szenen saß sie auf der Stuhlkante, wie jeder andere im Publikum. Dazu war der Film einfach zu packend. Und das fand Hollywood auch. Jodie bekam ihren zweiten Oscar. Jetzt gehörte sie dazu.

Jodie führt Regie

Nachdem man einen Oscar gewonnen hat, gibt's drei Möglichkeiten, im Geschäft zu bleiben: 1. nach einer neuen Oscar-Rolle suchen, 2. ihn dazu benutzen, um einen wirklich großen Film zu drehen, der Millionen Dollar einbringt, oder 3. ihn als Einsteiger für etwas zu nehmen, wo man sonst nicht reingekommen wäre.

Jodie Foster

Jodie hatte es sich in den Kopf gesetzt, einen eigenen Film zu drehen. Regieführen war schon immer ihr Traum gewesen, und jetzt würde er endlich Wirklichkeit. »Nach meinem letzten Film hatte ich ein gutes Standing bei Orion. Das Studio wußte, daß ich mein Bestes geben würde.« Das Drehbuch, das ihr am Herzen lag, war die Geschichte eines Wunderkindes. »Ich weiß, daß alle Welt meint, der Film hätte autobiographische Züge. Ist aber nicht der Fall. Er handelt von Menschen, Intimität und Liebe. Fred und ich haben nur eins gemein, nämlich die Tatsache, daß wir nirgendwo dazugehörten.« Sie hatte sich bewußt für einen leisen, aber ihrer Meinung nach aussagestarken Film entschieden. Es würde kein großer Kassenhit werden, aber das war ihr nicht wichtig.

Ein heißer Augusttag in Cincinnati, Jodie rauchte eine Zigarette nach der anderen und war sichtlich nervös. Die Hauptdarstellerin Dianne Wiest hatte sich den Knöchel verstaucht, als sie über ein elektrisches Kabel stolperte. Für zwei Wochen war sie weg vom Fenster. Adam Hann-Byrd, der siebenjährige Hauptdarsteller, durfte laut Screen Actors Guild nur vier Stunden täglich arbeiten, weil er ein Kind war, und Jodie rannte die Zeit davon. Da der Junge in beinahe jeder Szene zu sehen war, legte sie einen Zahn zu. Und jeder mußte mithalten.

Sie war sehr ungeduldig. Von Haus aus. Aber Jodie brauchte auch den Druck, sie blühte regelrecht auf. Niemand auf dem Set entging, daß sie gern den Boß spielte. »Man muß wahnsinnig egoistisch sein als Regisseur. Und man muß Streß einfach mögen und Verantwortung.« Beides Eigenschaften, die ihr im Blut liegen. Sie hatte sich sogar doppelten Streß auferlegt, denn sie spielte auch noch selbst mit: Jodie ist Dede, Freds Mutter.

Fred Tate, ein äußerst begabter Junge, und seine Mutter, eine Kellnerin, leben in einer sehr engen Mutter-Kind-Beziehung. Fred ist Dedes bester Freund. Der Kleine kann bereits lesen, als andere Kinder sich noch in die Hosen machen. Mit vier schreibt er Gedichte, und mit sieben spielt er Klavier und komponiert Opern, malt und löst schwierigste Matheaufgaben. Ein Wunderkind also. Eins, das unbedingt gefördert werden muß, wie die neurotische Psychologin, gespielt von Dianne Wiest, Leiterin der Schule für besonders begabte Kinder, findet. Sie will Fred zum College schicken, ihn von der Mutter wegnehmen. Ihrer Meinung nach kann diese ihm nicht geben, was er braucht. Das Kind gerät durch das Gezerre um ihn, das die beiden Frauen aufführen, in Zwiespalt. Fred liebt die Mutter, aber er ist auch begierig, mehr zu lernen.

Adam, der das Wunderkind spielte, stand noch nie vor der Kamera. Jodie wollte keinen Kinderstar, sondern jemanden, der ihren Vorstellungen entsprach. Und er war ideal. Allerdings auch entsetzlich schüchtern. »Es war fast unmöglich, mit Adam vor der Kamera zu schmusen«, sagte Jodie, »kleine Jungs mögen das ja sowieso nicht. Aber ich hab' ihm gesagt, daß das zur Arbeit dazugehört. Er sollte einfach so tun, als ob es ihm gefiele, und dann darüber nachdenken, wie das aussah. Jemandem das Schauspielen so beizubringen ist furchtbar, aber verrückterweise ist es genau das, worauf es ankommt.«

Jodie wurde dafür kritisiert, daß sie keine Skrupel hatte, ein völlig unbelecktes Kind den Scheinwerfern auszusetzen, um es danach wieder sich selbst zu überlassen. Wie sollte er jemals wieder ein normales Leben führen können? »Normal gibt es für mich nicht«, sagte sie, »und wer will das schon? Filmen ist für ihn eine Erfahrung, die ihm zeigt, was es in der Welt gibt. Was mir Sorgen macht ist sein nächster Film. Bei uns geht es ihm gut. Wir kümmern uns alle um ihn.«

Jodie fand Adam in einer der Schulen, die sie nach jungen Talenten abgeklappert hatte. Es gab viele, die ihr gefielen, aber irgend etwas stimmte dann nicht, als sie zum Vorsprechen kamen. Es war nicht das Aussehen, denn das Kind hätte auch eine andere Hautfarbe haben können. Das war unwichtig, schließlich würde

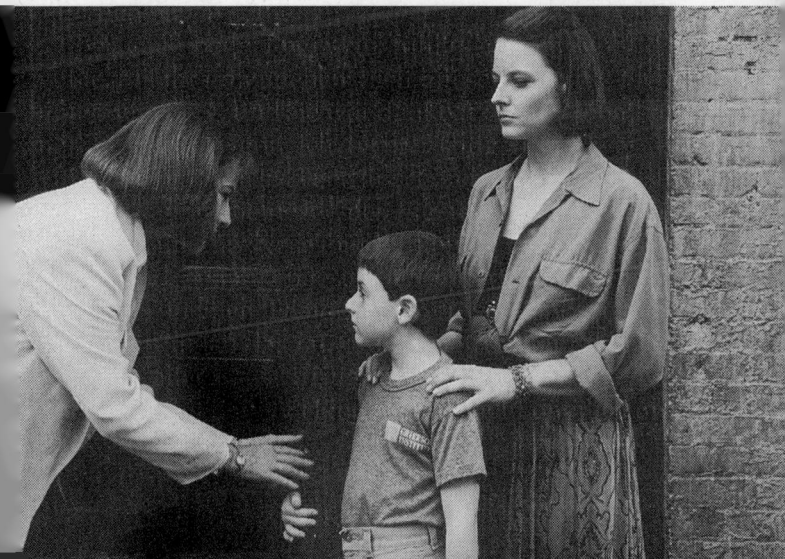

man den Vater ohnehin nie kennenlernen. Aber die meisten konnten noch nicht einmal überzeugend lesen.

Adam hatte einen langen dünnen Zopf, und er war stumm wie ein Fisch. Nicht mal Small talk konnte oder wollte er machen. »Er sah nur auf das Drehbuch, das wir ihm gegeben hatten. Aber als er anfing zu lesen, wußte ich, daß er der Richtige ist.« Sie standen auf dem Schulhof, und Adam las wie ein Profi, das heißt, er ließ sich von nichts und niemandem ablenken. Die Feuerwehr fuhr vorbei, jemand ließ was fallen, Jodie vergaß ihre Sätze, aber er sah noch nicht mal vom Drehbuch auf. Als er fertig war, schloß er das Buch sorgfältig und seine Augen fragten, ob er es richtig gemacht hatte. Davon abgesehen hatte er nichts zu sagen und wollte so schnell wie möglich weg.

Jodie wußte, daß es nicht einfach werden würde mit ihm, und so bereitete sie ihn behutsam auf die Rolle vor. Sie besuchte ihn zu Hause, und sie spielten miteinander. Das heißt, Jodie versuchte, mit ihm zu spielen. Denn selbst das war sehr mühsam. Sie hatten allerdings eines gemein: Karate. Um ihn aufzulockern, forderte sie ihn auf, sie umzustoßen, aber er wollte nicht, sondern lachte nur verlegen. »O. k., ich gebe dir eine Ohrfeige, und du haust zurück«, sagte sie. Auch das brachte nichts, er blieb steif. Jodie wurde unsicher, kämpfte um Geduld. Sie wollte ihn so sehr, und irgend etwas sagte ihr, daß er der Richtige war. Als der Screentest kam, war sie überzeugt davon, daß Adam ein gutes Wunderkind abgeben würde. Der kleine Junge aus

Manhattan rezitierte das Gedicht des Todes von Rilke, und alle staunten. Er hatte es kapiert, seine einsame, traurige Seite war zum Klingen gekommen. Das war genau der Ton, den er in der Rolle anschlagen sollte.

Als Schauspielerin hatte sie fast dreißig Jahre Filmerfahrung auf dem Buckel und wußte, was gefragt war. Sie sagte ihrer Crew, was sie wollte, und die spurten. Sie forderte auch alle immer wieder auf, mit eigenen Ideen zu ihr zu kommen. »Ich werde gern gefragt. Das beruhigt mich irgendwie. Dann muß ich nicht dumm rumsitzen und mir Sorgen machen, ob ich genug Macht habe.« Jodie liebte die Verantwortung, traf für ihr Leben gern Entscheidungen. Das hatte sie ja bereits von klein auf praktiziert.

Bei der Arbeit merkte sie, wie geduldig Jonathan Demme mit ihr gewesen war. »Wenn ich Regie führe, geht mir das total ab. Jonathan liebt Schauspieler und ich eher nicht.« Das wurde ihr klar, nachdem sie selbst hinter der Kamera gestanden hatte. »Gerade, weil ich Schauspielerin bin, gab es oft Punkte, wo ich furchtbar ungeduldig wurde. Richtig diktatorisch. Glücklicherweise konnte ich das bald ablegen. Nach ein paar Tagen ging mir auf, daß die einzelnen Schauspieler unterschiedliche Bedürfnisse haben. Daß ich ihnen Raum geben muß, damit sie ihre Vorstellungskraft benutzen können. Man muß sie fliegen lassen. Auch wenn man Angst hat, daß sich das, was dabei rauskommt, nicht mit den eigenen Vorstellungen decken könnte.« Ihr Fazit: »Wenn man hinter der Kamera steht, lernt man eine Menge über sich selbst.«

Nicht immer ganz freiwillig allerdings. Dianne Wiest fand Jodies Stil unmöglich. Sie fühlte sich eingeengt. Die beiden gerieten anfangs häufig aneinander und schrien sich an. »Regisseure sind bei ihrem Erstling unheimliche Kontrollfreaks mit ihrer verdammten Unsicherheit«, fand sie. Aber nach ein paar ruhigeren Gesprächen glätteten sich die Wogen. Jede ließ der anderen etwas mehr Spielraum.

Jonathan hatte Jodie vorgemacht, wie man mit Schauspielern umgehen sollte. Er zwang seine Leute nie, etwas zu sein, das sie nicht waren. Statt dessen arbeitete er mit dem, was sie konnten. Jodie hatte ihm das als Schwäche ausgelegt. Sie konnte nicht verstehen, daß er seine Schauspieler dazu aufforderte, bestimmte Dinge in sich zu entdecken. »Ich habe oft gedacht: ›Mensch, sag endlich, wie du das meinst, damit wir weiterkommen.‹ Das war mir furchtbar auf die Nerven gegangen.«

Jetzt sah sie vieles ein, es fiel ihr aber nicht leicht, über ihren eigenen Schatten zu springen. Immer wieder kehrte sie zu ihrem autoritären Stil zurück. »Ein Regisseur muß lernen, zu führen wie ein wohlwollender König. Man muß deutlich machen, wie man sich das vorstellt, und alle, die damit Probleme haben, überwachen.« Sie fand aber nicht, daß sie ein Ekel war, »ich bestimme gern, ja, aber ich bin nicht ungerecht. Alles, was ich verlange, hat mit dem Film zu tun. Nicht mit Bequemlichkeit oder Eitelkeit.«

Für ihre Rolle als Dede stand sie stundenlang für Make-up und Kostümproben still, nur um nach zwei

Minuten vor der Kamera wieder dahinter zu verschwinden. Aber es gefiel ihr. Immerhin mußte sie mit niemandem darüber diskutieren, wie sie zu spielen hatte. »Ich denke, daß man schon in gewissem Grad schizophren sein muß, um vor der Kamera zu agieren und gleichzeitig dahinter Regie zu führen. Das eine Mal muß man subjektiv und emotional sein, das andere Mal analytisch und objektiv.« Doch Jodie hatte sich ein Konzept gemacht, und es klappte hervorragend.

Die Regie war eine gute Erfahrung. Sie erkannte, warum sie sich immer mehr dazu hingezogen gefühlt hatte, hinter der Kamera zu agieren als davor. Jodie war nie auf einer Schauspielschule gewesen, hatte keine Ahnung, wie man einen Charakter aufbaut, ohne

eine Geschichte drumrum zu haben. Bei ihrer Methode identifiziert sie sich mit der Geschichte und weiß dann, wo's langgeht. Und das macht ein Regisseur auch. Er hat den ganzen Film im Kopf.

Sie war noch nie so glücklich gewesen wie jetzt. Wenn sie abends nach Hause kam, platzte sie fast vor Energie. Statt sich erschöpft aufs Sofa fallen zu lassen, kochte sie Suppe, sah Nachrichten und las Bücher, etwas, wozu sie sonst nie Muße hatte. »Als der Film abgedreht war, war ich zwar müde und erschöpft, aber so aufgedreht, daß ich gleich mit dem nächsten Projekt hätte anfangen können. Das hat wahrscheinlich damit zu tun, daß ich die Kontrolle hatte. Wenn man selbst vor der Kamera steht, tut man, was jemand anders verlangt, und das schlaucht. Als Schauspielerin habe ich immer Angst, daß der Regisseur gleich was Furchtbares von mir verlangt.«

Richtige Probleme gab es erst gegen Ende. Da waren zum einen die Marketingleute, die unbedingt ihren Senf dazugeben mußten. Ihnen war die Geschichte egal, Hauptsache, der Film spielte viel Geld ein. Und deshalb forderten sie mehr Action. Aber Jodie stellte sich auf die Hinterbeine, TATE sollte kein Allerweltsschinken werden, er war etwas Besonderes, und das sollte so bleiben. Doch der Hammer kam erst: Die Produktionsfirma Orion hatte Konkurs angemeldet. Trotz des Supererfolgs mit dem Film DAS SCHWEIGEN DER LÄMMER war das Studio finanziell am Ende. Und DAS WUNDERKIND TATE hätte sich beinahe in Schall und Rauch aufgelöst. Jodie bekam weniger

Geld, als vertraglich vereinbart worden war. Aber das störte sie im Moment nicht, ihr ging es einzig und allein um den Film, ihr Regiedebüt. Sie hatte so viel geschuftet, hing mit Herz und Seele dran, und nun sollte er in der Schublade verschwinden? Das konnte sie nicht zulassen.

DAS WUNDERKIND TATE war fertig im Kasten und wartete nur noch auf seine Starthilfe. Um promotet und freigegeben zu werden, wurden noch einmal ein paar Millionen Dollar benötigt. Jodie verbrachte ein paar schlaflose Nächte, verhandelte mit den Geldgebern und setzte sich schließlich durch. Der Film kam in die Kinos. Er machte sogar Gewinn – mehr als 25 Millionen Dollar. Gekostet hatte er 10 Millionen. »Als das alles lief fing ich an, wie ein Produzent zu denken. Und es gefiel mir.« Von jetzt an spielte sie mit dem Gedanken, sich selbstständig zu machen. Wenn sie eine eigene Produktionsfirma hätte, wäre sie von niemandem mehr abhängig, könnte machen, was sie wollte. Das gefiel ihr. »Ich bin mein eigener Lieblingsregisseur, ich lass' mir nicht gern in die Karten pfuschen.«

Als der Film in die Kinos kam, verging sie fast vor Angst. Sie hätte nie gedacht, daß sie sich mal Sorgen darum machen würde, ob sich die Leute ihre Filme ansehen oder nicht. Darauf war sie immer stolz gewesen. Jetzt war es anders. Sie fragte sich ständig, was das Publikum wohl sagen würde. Erkannte sich selbst kaum wieder, als sie rumging und Leute fragte, wie ihnen der Film gefallen hatte. Wenn man etwas geschaffen hat, mit dem man sich so sehr identifiziert, dann ist das kein Wunder. Immerhin hatte sie sich über zwei Jahre lang mit dem Projekt beschäftigt. Sie kam sich vor wie eine Mutter, die von jedem hören wollte, wie gut geraten ihr Kind war. Sie zitterte vor den Kritikern, wollte nichts Schlechtes hören und ertappte sich doch dabei, alles zu lesen, was darüber geschrieben wurde. Normalerweise fand sie Kritiken fruchtbar, weil sie als Schauspielerin ja nur die Verantwortung für sich selbst trug. Aber jetzt war es anders. Diesmal war sie sehr verwundbar.

Es darf geliebt und gelacht werden

Es gibt viele Leute, die mir einzureden versuchen, welche Rolle für mich perfekt wäre. Da muß man einfach irgendwo den Schlußstrich ziehen, aufhören, sich zu verteidigen. Bleibt nur zu hoffen, daß man selbst die richtige Entscheidung trifft. Und wenn nicht, dann ist das wenigstens mein Fehler.
Jodie Foster

Von der totalen Kontrolle stürzte sich Jodie Hals über Kopf in ein Projekt, von dem sie nicht mal wußte, worum es ging. Woody Allen hatte lediglich angefragt, ob sie für seinen neuen Film SCHATTEN UND NEBEL ein Mädchen in einem Bordell spielen wollte. Näheres erfuhr sie nicht. Weder den Inhalt des Films, noch wieviel Text sie zu sprechen hatte. Aber sie vertraute ihm blind und sagte sofort zu. »Woody ist großartig, er hat seinen Film von Anfang an im Kopf. Und nur er allein weiß, was läuft. Das bewundere ich.« Es war ein kurzer Auftritt, aber ein willkommener Snack zwischen zwei großen Mahlzeiten. Jodie liebt Regisseure, die neue Wege gehen. Wie Alan Rudolph, Stephen Frears oder Nicolas Roeg. »Selbst, wenn ich nicht bei jedem ihrer Filme denke, daß es das Beste ist, was ich je gesehen habe, ist doch immer wieder ein Film dabei, wo ich mir sage, ja, so hättest du das auch gemacht.«

Das nächste große Projekt stand schon bevor. Zur Abwechslung war es diesmal keine Opferrolle, zu der sie sich hingezogen fühlte. Zum erstenmal traute sich Jodie einen romantischen Part zu. War bereit, sich vor dem Publikum zu öffnen, eine völlig neue Seite zu zeigen, eine weiche, verletzliche. »Ich wußte, daß ich mich jetzt auch vor der Kamera so geben konnte wie sonst nur bei meinen Freunden«, sagte sie vor Journalisten. Wahrscheinlich half es auch, daß ihr Partner kein geringerer war als Richard Gere, den so viele Frauen anbeteten. Bei so einem Mann fiel es selbst ihr leicht, romantische Gefühle vorzutäuschen. Die Rolle

hatte aber trotzdem Ähnlichkeit mit ihren früheren Charakteren: Laurel ist auch hart und unabhängig, mit einer gewissen mädchenhaften Verletzlichkeit.

Sechs Jahre lang wartet sie nach Ende des amerikanischen Bürgerkriegs auf die Rückkehr ihres Mannes. In der Zwischenzeit ist aus der jungen, schüchternen Braut von damals eine selbstbewußte, unabhängige Frau geworden, die mit viel Kraft und Zielstrebigkeit versucht, ihre heruntergekommene Plantage zu bewirtschaften. Sie hat sich mittlerweile daran gewöhnt, allein zu schlafen, und weist jeden zurück, der ihr zu nahe kommen will. Eines Tages jedoch taucht ihr Mann wieder auf. Jedenfalls sagt er, daß er ihr Mann sei. Doch er hat sich sehr verändert. Jack, früher gewalttätig und eher faul, ist heute ein zärtlicher Ehemann, und mit hartem Einsatz bringt er die Plantage wieder auf Vordermann.

Was Jodie an dieser Rolle gereizt hatte war, daß Laurel sich so plötzlich um 180 Grad dreht und sich ohne Widerspruch diesem Fremden hingibt. »Eine ziemlich mutige Angelegenheit für eine Frau in der damaligen Zeit.«

Als man ihr das Drehbuch zum erstenmal schickte, war sie davon allerdings weniger angetan. Laurel war zu blaß charakterisiert, das typische, hilflose Weibchen. Das hätte sie nie spielen können. Jodie wollte eine Frau aus ihr machen, die sich bewußt in das Abenteuer mit dem Fremden stürzt, indem sie ihn als ihren lang vermißten Ehemann anerkennt. »Ich kann keine schwache Frau spielen, die jeden Moment umzufallen

droht. Das bin ich einfach nicht. Das Romantische muß das Starksein nicht ausschließen. Schließlich ist das kein Kostümfilm, wo die Leute sich nur von weitem begucken.«

Jon Amiel, der Regisseur, hatte ein paar Anfangsschwierigkeiten mit ihrem Selbstbewußtsein. »Es fiel ihr nicht leicht, auf ihrer Seite der Kamera zu bleiben. Aber sie entschuldigte sich jedesmal und sagte: ›Es ist dein Film, ich bin nur die Schauspielerin.‹« Auch er war, wie die Regisseure vor ihm, von ihrer Konzentrationsfähigkeit begeistert: »Sie sitzt in der Maske und albert auf französisch mit dem Make-up-Mann rum, und im nächsten Moment wird sie gerufen und legt eine Szene hin, die dir das Herz bricht. Nach dem ›Cut!‹ ist sie wieder das bebrillte Mädchen, das Kaugummiblasen macht. Sie schlüpft in den Charakter rein und raus wie nichts. Die perfekte Schauspielmaschine. Da kommt ihre Vergangenheit durch. Für einen Kinderstar ist schauspielen so wirklich wie das reale Leben. Vielleicht sogar noch intensiver. Wenn wir erwachsen sind, haben wir uns bereits so viele Masken angeeignet, daß wir uns nicht mehr so schnell entblättern können. Jodie kombiniert das technische Knowhow des Kinderstars mit der Reife einer Erwachsenen. Was mich aber noch mehr erstaunt ist, daß sie es soweit gebracht hat, obwohl sie nicht übernatürlich schön ist.«

Auch die Kritiker waren begeistert von der neuen Jodie Foster. Diese Rolle hatte ihr gut zu Gesicht gestanden. Sie war stark und zugleich leidenschaftlich, etwas, was man ihr nicht zugetraut hätte. Sie sollte aber für noch mehr Überraschungen sorgen.

War es die Aussicht, vier Monate auf einem Raddampfer über den Columbia River und den Lake Powell in Arizona zu schippern? Oder waren es die fünf Millionen Dollar Gage? Vielleicht auch die Neugier, wie sie sich in einer komischen Rolle machen würde? Die Antwort liegt wohl irgendwo dazwischen. Fest steht, daß Jodie zusagte, als man ihr die Rolle der Südstaatenschönheit in dem frivolen Western MAVERICK anbot. Donnerstag früh bekam sie das Drehbuch, nachmittags hatte sie es gelesen, Freitag zugesagt, und am Samstag war sie schon bei der Kostümprobe. Sie konnte es kaum erwarten, zwei Wochen später anzufangen. Und zum erstenmal machte sie keine Änderungsvorschläge. Sie, die es sachlich und simpel liebte und an fast allen Dialogen rummäkelte, ließ diesmal die Finger davon. Von Komödien hatte sie keine Ahnung. »Das ist anders. Hier kommt es nicht drauf an, wie es aussieht oder geschnitten ist. Es ist auch völlig egal, was die Leute anhaben und ob das Ganze Sinn macht. Das einzige, was zählt, ist, daß der Funke rüberspringt.«

Zehn Jahre lang hatte sie nach einer komischen Rolle gesucht. Dieser Film war die ideale Gelegenheit, ein bißchen Leichtigkeit in ihr Leben zu bringen. Sie hatte eineinhalb Jahre nicht mehr vor der Kamera gestanden und war etwas deprimiert. Nach so vielen Erfolgen schien es wieder mal nicht weiterzugehen. Und ihr war nicht nach Ausruhen. Das konnte sie immer noch, wenn sie siebzig war. Aber die Drehbücher, die ihr angeboten wurden, gefielen ihr alle nicht. Es war immer das gleiche Thema: Frauen, die mit dem Leben nicht zurechtkamen, die Opfer ihrer Umwelt oder ihrer Männer waren, die irgendwelche Sexphantasien von Männern befriedigen sollten und so fort.

Jodie hatte die Nase voll von Problemrollen. Sie wollte, daß das Publikum sie auch von der komischen Seite kennenlernte. Wollte beweisen, daß sie in keine Schublade paßte. »Obwohl, oder weil meine starke Seite das Drama ist, mußte ich es unbedingt machen.« Sie hatte aber trotzdem ein flaues Gefühl im Magen. Sollte ein reiner Kontrollfreak wie sie sich in die Hände eines Regisseurs und an die Seite eines Schauspielers begeben, die drei LETHAL-WEAPON-Filme* nicht nur gedreht, sondern überwiegend improvisiert hatten? Jodie war nicht sicher. Aber sie hätte auf keinen Fall mit jemandem gedreht, der nicht weiß, was er tut. »Komödie ist verdammt schwer. Und ich hab' keine Ahnung davon, kann also keine Ratschläge erteilen.«

Richard Donner, der Regisseur, hatte anfänglich Bedenken wegen Jodie. Er kannte sie nur aus ihren Filmen ANGEKLAGT und DAS SCHWEIGEN DER LÄMMER. Wie sollte er wissen, ob sie auch witzig sein kann? Aber seine erste Wahl, Meg Ryan, hatte das Angebot abgelehnt, weil sie bei ihrem Baby bleiben wollte. Er ließ Jodie vorsprechen. Und die kam, stolperte

* Zwei stahlharte Profis, Brennpunkt L. A. und Brennpunkt L. A. – Die Profis sind zurück.

und fiel über drei Leute, gleich rein in ihre Rolle. »Mein Charakter, Annabelle Bransford, ist reichlich tolpatschig. Sie versucht, so wahnsinnig fein und würdevoll zu sein, aber es kommt immer anders rüber. Sie fällt ständig hin, zerbricht Gläser und so.«

Die gleichnamige Fernsehserie aus den Fünfzigern hatte sie nie gesehen. Sie wußte auch nicht, daß James Garner damals die Hauptrolle gespielt hatte. Aber sie erinnerte sich an ihn. Garner und sie hatten 1973 EIN KAMEL IM WILDEN WESTEN zusammen gedreht. Auch Garner hatte Jodie nicht vergessen: »Sie war das altklügste Kind, das mir je begegnet ist. Aber so professionell. Sie konnte alles machen, was man von ihr verlangte. Ihre Haltung und ihr Temperament sind immer noch so wie früher. Aber sie ist noch besser geworden.«

Alle waren gespannt, wie Jodie das managen würde. Mel Gibson: »In der ersten Szene gab es keinen Dialog. Sie mußte von einer Kutsche springen, die auf andere, brennende Kutschen zurollte. Erst wirkte sie ziemlich hilflos. Aber plötzlich gab sie sich einen Ruck und sprang. Das war so witzig, weil niemand so etwas von Jodie Foster erwartet hätte.«

Richard Donner: »Ich bin davon überzeugt, daß sie keine Ahnung hat, wie weit sie sich gehenlassen kann. Immer wenn ich etwas von ihr verlangte und es klappte, freute sie sich diebisch und kicherte wie ein kleines Kind. Sie hat bewiesen, daß sie loslassen kann und doch alles unter Kontrolle hat.« Jodie gab ihr Bestes. Weil sie wußte, daß Komödie nicht ihr Feld ist, hatte sie sich gleich am Anfang gesagt: »Versuch' einfach, Spaß zu haben, dann wird das schon.«

Garner, der diesmal den Marshal spielte, der Maverick, gespielt von Mel Gibson, verfolgt, machte sich Sorgen: »Wir hatten viel zuviel Spaß, und ich hoffte, daß wir uns nicht selbst vergessen würden. Der halbe Film ist improvisiert.« Normalerweise ist Jodie diejenige, die rumgrübelt und sich damit viele spontane Sachen vergrault. Doch diesmal machte sie sich keine Gedanken. Ihr gefiel es, sie konnte Kaffee trinken und von früh bis spät rumblödeln und wurde auch noch königlich dafür bezahlt. So viel wie diesmal, nämlich fünf Millionen Dollar, hatte sie noch für keinen Film bekommen.

Die Kritiker nahmen das nicht so leicht, sie bemän-

gelten, daß die Gags kein Ende nahmen. »Zum Schluß konnte man wirklich nicht mehr lachen«, schrieb die *Los Angeles Times*. Und: »Jodie ließ die ganze Zeit über durchblicken, daß sie für so eine Rolle viel zu intelligent ist.« Das stritt sie natürlich ab. Aber es ist eben nicht so einfach, Komödien zu spielen.

Befragt nach ihren letzten beiden Co-Stars, Richard Gere und Mel Gibson, sagte Jodie: »Die sind so unterschiedlich wie Tag und Nacht und haben doch so vieles gemein. Zwei blendend aussehende Typen, die von den Frauen abgöttisch verehrt und angehimmelt werden. Richard ist wahnsinnig introvertiert. Der merkt einfach nicht, was um ihn herum passiert. In ganz seltenen Momenten aber kann es passieren, daß er dich einfach anstrahlt. Und du fühlst dich wie auserwählt, weil er dir erlaubt, für kurze Zeit in seine Welt zu kommen. Die Leute sind davon einfach hingerissen und fallen um wie Dominosteine. Mel dagegen ist sich seiner selbst überhaupt nicht bewußt, der macht ständig Zaubertricks oder erschreckt Leute, widert sie mit ekelhaften Sachen an, bis alle aufkreischen. Er hört dir mit Unschuldsmiene zu, ist so entwaffnend, weil er überhaupt nicht bedrohlich wirkt. Er ist ein Kind und sofort dein bester Freund, wenn du auf ihn eingehst. Richard dagegen ist gefährlich. Wie Spinnweben, die dich gefangenhalten.«

Mel gegenüber entwickelte Jodie einen regelrechten Beschützerinstinkt. »Der hat zwar Wutausbrüche, da sträuben sich dir die Haare, aber er ist der normalste Mensch, den du dir vorstellen kannst. Und es macht mich wütend, daß die meisten denken, er ist ein Lufti-kus. Denn er ist sehr verantwortungsbewußt.«

Gefragt, was er von Jodie hält, sagt Mel: »Sie kommt, sieht nach nichts aus und verschwindet in der Maske. Und dann erscheint dieses Knockoutweib. Sie hat ei-nen Knochenbau, der perfekt ist, keine einzige Fehl-konstruktion.«

5. Kapitel

Geschafft!

Jodie tanzt auf vielen Hochzeiten

*Ich habe Talent, das ist mein Rohstoff, den ich verkaufen,
den Leuten die Kehle runterschaufeln kann.*
Jodie Foster

Talent ist aber nicht alles. Sie weiß, daß man vor allem Stehvermögen braucht und nicht nur von zwölf
bis mittag planen kann. Dazu hat sie im Business zu
viele kommen und gehen sehen. »Man muß einen langen Atem haben, wenn man es zu etwas bringen will.
Wer nur hinter dem Geld her ist und jede dumme Rolle annimmt, verschleißt sich selbst und ist schnell vergessen. Am Ball bleiben ist alles, dann kommt der richtige Moment wieder.« Einfach gesagt für jemanden,
der es geschafft hat. Aber sie gibt zu, daß viel Selbst-
disziplin und unerschütterliches Selbstvertrauen da-
zugehören. Und auch sie, der das im Blut liegt, hat immer wieder Probleme damit. Wenn sie nicht so fest ver-
woben wäre in ihr Netz von Gewohnheit, Verläßlich-
keit und Pünktlichkeit, hätte sie schon so manches Mal
durchgedreht. Aber Jodie weiß, daß man sie in der

Branche schätzt. Eben wegen ihrer preußischen Eigenschaften. Und das hilft ihr, Durststrecken zu überstehen.

»Am beeindruckendsten ist, abgesehen von ihrem Talent, wie klug sie ihre Karriere geplant hat. Jodie ist eine echte Führungspersönlichkeit, sie wird es noch weit bringen«, sagt Bruce Berman, President of Worldwide Productions bei Warner Bros. Früher wußte Brandy, was gut ist für Jodie, heute weiß sie es selbst. Und sie läßt sich von niemandem dreinreden. Als Brandy noch die Rollen aussuchte, war sie besessen davon, daß ihr Küken ernstgenommen wird. Wenn sie denn schon Schauspielerin bleiben wollte, dann wenigstens eine dramatische. Eine, die Martin-Scorcese-Filme drehte und nicht irgendwelchen hirnlosen Unsinn. Und so kam es, daß Jodie Frauen spielte, die durch die Hölle gingen oder in tiefste Krisen gerieten, aber immer völlig heil aus der ganzen Sache wieder rauskamen. »Und warum? Weil meine Mutter es wollte. Damit habe ich ihren ganz persönlichen Trip befriedigt. Ich spielte Charaktere, mit denen sie sich identifizierte. Das streitet sie natürlich ab, verbucht es unter Karrieremaßnahmen. Come on! Das war äußerst persönlich. Sie wollte, daß diese Opfer überleben. Sie wollte, daß ich stark werde. Und ich bin stark geworden.«

Als sie sich sicher genug fühlte, entzog sie sich Brandys Einfluß mehr und mehr. Wann genau sie sich völlig abgenabelt hat, darüber schweigt sie, weil sie ihrer Mutter nicht weh tun möchte. Sie läßt sie gern in dem Glauben, daß sie immer noch ihre Kleine ist, die ab und zu Schutz und Rat sucht, obwohl ihre Anrufe und Besuche seltener geworden sind. Jodie weiß, wie sie Brandy bei Laune hält. Im Kofferraum ihres schwarzen Saab-Cabrio liegt immer ein Sack mit schmutziger Wäsche, den sie bei Gelegenheit bei ihr abliefert. Für Jodie Waschfrau zu spielen, macht Brandy glücklich, gibt ihr das Gefühl, daß ihr Kind sie noch braucht.

Irgendwann fing Jodie an, Filme zu machen, die sie selbst ansprachen, weil sie gerade an einem bestimmten Punkt in ihrem Leben war, der damit korrespondierte. Darum sind ihre Filme immer auch ein Stück Therapie für sie. Was sie daran fasziniert ist, daß sie oft durch ihre Rollen lernen kann, wie ein normaler Mensch sich verhält. Das kann sie nicht immer selbst nachvollziehen. »Ich bin ja irgendwie aus der Bahn geworfen, war nie normal.«

Das beste Beispiel für einen neuen Abschnitt in Jodies Leben ist NELL, der erste Film, den ihre eigene Produktionsfirma, EGG Productions, hervorbrachte. Jodie spielt darin ein Mädchen, das von der Mutter ohne jeglichen Kontakt zur Zivilisation aufgezogen wird. Auch das scheint wieder autobiographisch angehaucht zu sein. Jodie fühlte sich oft selbst isoliert. Mehr als ihr halbes Leben lang war Brandy der einzige stabile Faktor und stets bemüht, sie von der Außenwelt abzuschirmen.

Nach dem Tod der Mutter lebt Nell allein in den Bergen, bis sie dort zufällig entdeckt wird. Sie ist wild und aggressiv, weiß nicht, wie sie sich Menschen gegenüber zu verhalten hat. Ihre Verständigung besteht aus

unverständlichem Singsang und fremdartigen Lauten, der einzigen Sprache, die sie je gehört hat, denn ihre Mutter konnte nach einem Schlaganfall nicht mehr richtig sprechen.

Nells Körper windet sich entweder in merkwürdigen Zuckungen, oder sie wiegt sich selbstverloren hin und her, wirkt wie ein Wesen aus einer anderen Welt. Für die Filmkritiker war das alles ein Tick zuviel Selbstdarstellung, zu sehr abgehoben. Für Jodie war es mehr als das, nämlich beinahe eine Erleuchtung. »Das beste an dem Film ist die Sprache, sie ist so emotional, ehrlich und direkt. Nell ist entwaffnend unschuldig.« Das war es auch, was Jodie an der Rolle so tief berührte. Deswegen wollte sie die Rolle der Nell unbedingt spielen. Die Reinheit dieses Mädchens, das nicht gelernt hatte, seine Gefühle zu maskieren, faszinierte sie. Ein Luxus, den sie sich selbst nie leisten konnte. Nicht mal, wenn sie gewollt hätte. Nell funktioniert nicht rational wie Jodie, sondern sie reagiert emotional. Um das nachzuvollziehen, mußte Jodie diesmal ganz anders an die Rolle herangehen. Und sie hatte Angst davor, war aber gleichzeitig von Neugier getrieben, was diese Erfahrung wohl für sie bedeuten würde.

Jodie gab sich also einen Ruck und tat etwas, was sie nie für möglich gehalten hätte. Sie lernte Techniken, auf die sie bislang abwertend runtergeschaut hatte. »Das war so neu für mich. Ich hab' sonst immer meine Augen verdreht, wenn ich sah, wie Schauspieler versuchten, wie eine Tüte Eis in der Sonne zu schmelzen, oder wenn sie sich wie ein Baum fühlten, der Wind und Wetter ausgesetzt ist. Aber diesmal war mir klar, daß das der einzige Weg war, zu Nell zu finden. Und ich lernte, wie eine Eistüte zu schmelzen und zu fühlen wie ein Baum.«

Zum erstenmal arbeitete Jodie mit einer Bewegungstherapeutin, die ihr beibrachte, sich richtig zu winden und zu wiegen. Und da passierte etwas völlig Unerwartetes: Jodie, die starke, kontrollierte Frau, die bislang ihre Gefühle so erfolgreich zu unterdrücken verstand, brach zusammen. Sie sollte so tun, als ob sie mit einer anderen Person tanzte, die auf sie zukam und wieder ging. »Ich mußte den unsichtbaren Partner von mir stoßen und dann bitten, wieder zu mir zurückzukommen. Und jedesmal brach ich in Tränen aus. Das war wie verhext.« Wahrscheinlich wurde ihr die unendliche Einsamkeit bewußt, die sie in sich selbst trägt. Das Vakuum, das sie durch Stärke ersetzt. Natasha Richardson, die im Film die Psychologin spielt und Jodie seit HOTEL NEW HAMPSHIRE kennt, den ihr Vater gedreht hatte, sah das deutlich: »Jodie ist ein sehr einsamer Mensch. Das war sie schon damals.«

Natürlich dauerte es nicht lange, bis sie sich wieder in der Gewalt hatte. Mit der ihr eigenen Konzentration übernahm sie wieder das Ruder und damit die Kontrolle. Sie hatte das Drehbuch bearbeitet und die Schauspieler ausgesucht, und jetzt definierte sie auch deren Rollen. Sehr zum Leidwesen von Natasha Richardson und Liam Neeson, der den Arzt spielte, der Nell vor der Außenwelt schützen will. »Wir hatten kaum etwas Freiraum, uns selbst einzubringen«, sagte

Neeson. »Sie hatte alles genau abgesteckt, und es war ziemlich frustrierend.«

Selbst was die Regie betraf, hatte sie genaue Vorstellungen. Sie fühlte sich geradezu dazu aufgefordert, allem ihren Stempel aufzudrücken. Schließlich war NELL das erste Projekt ihrer 1992 gegründeten Produktionsfirma EGG Productions. Und wie das mit Erstgeborenen oftmals der Fall ist, traute sie niemandem, wollte lieber alles selbst machen. Außerdem trug sie den Film schon seit zwei Jahren im Kopf herum, hatte ihn bis ins letzte Detail ausgefeilt.

Das machte allerdings nur sie glücklich, alle anderen litten. Vor allem der Regisseur. Aber als Hauptdarstellerin und Produzentin nahm sie sich das Recht dazu. Und Michael Apted stand genau dazwischen. Als Regisseur muß er auf den Produzenten hören, aber die Schauspieler wiederum müssen tun, was er, der Regisseur, verlangt. In dieser Zwickmühle konnte sich niemand wohl fühlen, und die Stimmung auf dem Set war teilweise zum Zerschneiden. »Jodie ist so selbstbewußt und von sich eingenommen, richtig kalt und berechnend. Nur wenn sie etwas von dir will, kann sie sehr freundlich werden«, sagte einer von der Crew, der schon öfter mit ihr gedreht hat.

Vielleicht lag es aber auch daran, daß sie unentwegt hungrig war. Nell lebte in der Wildnis, ihr Essen ist einfach und gesund, und um so auszusehen, wie sie sich Nell vorstellte, aß Jodie wochenlang nur Beeren und Grünzeug. Kaffee und Rotwein, ihre Leidenschaften, waren tabu. Zigaretten natürlich auch.

Ein paar Wochen später, als der Film abgedreht war, saß sie mit dem Regisseur und dem Komponisten, Mark Isham, im Tonstudio in Los Angeles. Sie trug einen schwarzen Kaschmirpullover und rote Jeans, saß auf einem Riesensofa und trank Kaffee – jetzt durfte sie wieder. Jodie war ganz Geschäftsfrau. Sie machte sich Notizen und schrieb an Leute, alles auf kleinen Zetteln, auf denen dick JODIE FOSTER stand. Mit ihrem persönlichen Assistenten plante sie einen Empfang mit Essen für fünfzig Gäste und wollte wissen, wann ihr Flug nach Paris ging. Gleichzeitig las sie ein Fax von ihrem Anwalt, beantwortete Telefonate und bat Stuart Kleinman, den Präsidenten ihrer Produktionsfirma, ihr den geliebten Kugelschreiber wieder zu besorgen, der nach einem kleinen Autounfall irgendwie abhanden ge-

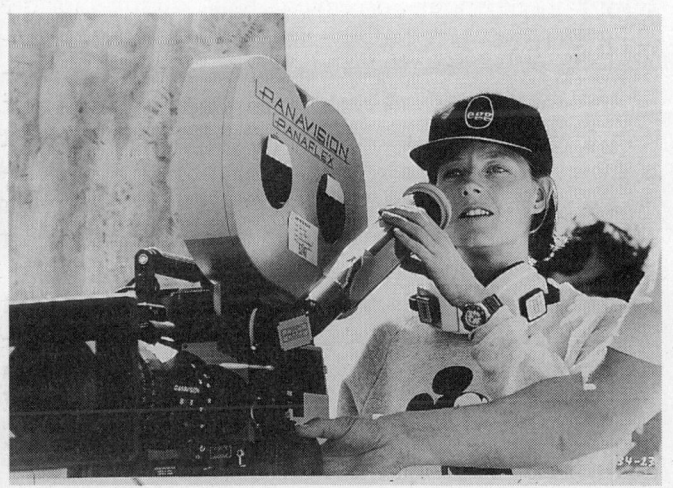

kommen war. »Ich will ja nicht kleinlich sein, aber der war immerhin aus Silber.«

Ansonsten hielt sie sich im Hintergrund, was Film und Musik betraf. Ein gelegentliches »sehr schön« war alles, was sie von sich gab. Und als NELL in die Kinos kam, hatte Jodie bereits ein neues Projekt aus eigenem Haus in Vorbereitung. Seitdem sie selbst bestimmen kann, scheint sie nonstop zu arbeiten. Für jemanden, der kein Privatleben hat, der sich nur über den Job definiert, der Idealzustand. Bei diesem führte sie wieder Regie und hatte damit als Produzentin und Regisseurin alle Fäden in der Hand. Aufs Mitspielen verzichtete sie.

FAMILIENFEST UND ANDERE SCHWIERIGKEITEN mit Holly Hunter und Robert Downey Jr. in den Hauptrollen handelt von einem Thanksgiving-Zusammentreffen von Freunden und Familie. Eine Art dramatische Komödie, wo jeder sich endlich mal Luft macht und sagt, was er vom anderen denkt. Man nervt sich, und man liegt sich in den Armen. Wie das Leben eben so spielt. Jodie war guter Dinge, weil die Dreharbeiten wie am Schnürchen liefen.

Drei Wochen und 63 Truthähne später war alles im Kasten. Die traditionellen Vögel, die man in Amerika am Thanksgiving-Tage ißt, mußten immer wieder ausgetauscht werden, weil sie, selbst in gebratenem Zustand, unter den starken Scheinwerfern an Form und Farbe verloren.

Als Schauspielerin, Regisseurin und jetzt auch Produzentin ihrer eigenen Produktionsfirma schwimmt sie in Hollywood ganz oben. »Jodie hatte schon vorher die Möglichkeit, viele Deals abzuschließen«, sagt Michael Kühn, Präsident von PolyGram Filmed Entertainment, »aber sie machte nicht nur einen Ego-Trip, wie die meisten Schauspieler, sie will tatsächlich produzieren.« Viele Schauspieler und Schauspielerinnen schließen Produktionsverträge mit großen Studios ab, bekommen ein tolles Büro und eigenes Briefpapier, aber die Entscheidungen – von der Entwicklung eines Projekts über das Casting der Schauspieler bis zum Verkauf des Films – werden weiterhin vom Studio getroffen. Bei EGG ist das anders. Jedes Projekt wird im eigenen Haus entwickelt, bis es fertig aus dem Ei schlüpft. Daher der Name.

Angst vor dem Risiko kennt sie nicht. »Ich will meine eigenen Fehler machen und nicht für die der anderen geradestehen. Und umgekehrt, wenn ich versage, dann habe ich versagt und niemand anders. Bei EGG kann ich niemanden dafür verantwortlich machen, wenn's in die Hosen gehen sollte. Das ist dann ganz allein meine Schuld.«

Es dauerte allerdings fast zwei Jahre, bis Jodie mit ihrem ersten Projekt, NELL, rüberkam. »Ich dachte, es gibt tonnenweise Material. Und es mag auch sein, daß viele gute Drehbücher dabei sind, aber die sagen mir alle nichts. Ich will Regie führen bei Filmen, die Situationen widerspiegeln, die ich selbst erlebt habe. Das sind sozusagen persönliche Essays. Filme dagegen, in denen ich mitspiele, bestehen aus Situationen, die ich nie erlebt habe. Die sind völlig hypothetisch.«

PolyGram ist kein Studio, sondern setzt sich zusammen aus einer Produktions- und Verleihfirma, einem Netzwerk, das unterschiedliche Firmen besitzt, die ihrerseits als Studios arbeiten. Und EGG ist nun ein Teil davon. Ein Jahr lang verhandelten die holländische Company und sie, dann hatte sie den Vertrag in der Tasche. In drei Jahren muß sie sechs Filme produzieren. Drei im 25-Millionen-Dollar-Rahmen, drei zwischen 10 und 15 Millionen Dollar. Dazu kommen natürlich jedesmal etwa 10 Millionen Dollar, damit der Film überhaupt in die Kinos kommen kann. Aber Jodie kann auch weniger Filme machen und – das wichtigste für sie – selbst entscheiden, welche Filme genommen werden.

»Das war die beste Lösung. Normalerweise arbeitet man an fünfzehn Projekten gleichzeitig, das heißt, man wirft sie alle an die Wand und hofft darauf, daß eines davon kleben bleibt. Das ist o. k., aber nicht mein Stil. Ich habe keine Lust, meine Zeit zu verschwenden. Da gehe ich lieber in den Fitneßclub und stemme Gewichte. EGG konzentriert sich vielleicht auf zwei oder drei Projekte, die dann aber alle verwirklicht werden.«

PolyGram hat nur ein Vetorecht, wenn ein Film die 40-Millionen-Dollar-Grenze überschreiten und kein Star mitspielen sollte. Ansonsten trifft Jodie alle Entscheidungen allein. Sie kann mitspielen, Regie führen oder beides tun und sogar das Drehbuch schreiben. Umschreiben tut sie es ja sowieso bereits. Gerade etwas über 30 Jahre alt, hat sie die Macht, die sie sich immer gewünscht hat. Sie streitet allerdings ab, daß ihr an Macht gelegen ist. Das interessiert sie nicht. Sie will nur oben sein. Und das heißt bei ihr nicht, daß sie größere Filme machen will, die noch mehr Geld einbringen, das bedeutet, daß sie gute Filme produzieren will, die den Leuten etwas geben, ihr Leben irgendwie bereichern. Diese Freiheit ist in der Geschichte Hollywoods einmalig. Das kleine »Coppertonegirl«, das für Sonnenschutzmittel warb, hat einen weiten Weg zurückgelegt, und es geht immer noch weiter.

Jodie kann sich getrost selbst auf die Schulter klopfen. Sie hat es geschafft. Und das ganz allein. Kein Ehemann hat ihr geholfen, wie zum Beispiel bei Geena Davis. Auch kein mächtiger Boyfriend wie in Barbra Streisands Fall oder einflußreicher Bruder wie bei Penny Marshall. Selbst nur wenige Männer, wie Robert Redford, Clint Eastwood, Mel Gibson und Kevin Costner, können sich dessen rühmen.

Für Jodie hat die Gründung von EGG aber noch eine andere Bedeutung. Für sie ist es ein Ausweg aus der Einbahnstraße, dem Druck, dem Frauen in Hollywood ständig ausgesetzt sind, immer gut aussehen zu müssen und nie älter als 30 zu werden. Das macht nur die Schönheitschirugen reich, hilft aber ansonsten niemandem, findet sie. »Manchmal sprechen Schauspielerinnen vor, und ich kann mich hinterher nicht mehr an ihre Namen erinnern, weil sie alle die gleichen Nasen haben, das gleiche lange Blondhaar, die gleichen Busen. Wenn man wie alle anderen aussehen will, warum wollen die dann Schauspielerin werden und verschiedene Charaktere darstellen? Das geht mir nicht in den

Kopf. Unsere Stimme, unsere Bewegungen, unsere Sprache sind es doch, die uns ausmachen. Ich hab' doch lieber eine große Nase und sitz' neben jemandem, der denkt ›die hat aber eine große Nase!‹ als mit einer vom Arzt verkleinerten und er denkt: ›Mein Gott, diese Person kann sich selbst nicht leiden, die mußte zum Chirugen!‹ Ich kann es verkraften, wenn Leute meinen, ich sei unattraktiv, aber nicht, wenn jemand denkt, daß ich oberflächlich bin. Für mich ist Schönheitschirugie ein Akt von Selbsthaß und Oberflächlichkeit.«

Die Ungerechtigkeit, mit der in Hollywood mit zweierlei Maß gemessen wird, macht sie noch wütender. »Frauen dürfen auch nicht dieselben Fehler machen wie Männer«, sagte Jodie einmal. »Guck dir Michael Douglas an. Wie viele Filme, die kaum Geld einbringen, muß der noch machen, bevor man ihm weniger zahlt? Bei einer Schauspielerin genügt ein Film, und sie ist weg vom Fenster.«

Jodie wird ihren Kopf nicht an die Wand knallen, wenn sie vierzig ist und mit ihrem Selbstbewußtsein im Keller verschwinden. Das steht fest. Vielleicht wird sie sogar als Wegbereiterin für andere Frauen Hollywood-Geschichte machen.

Nach FAMILIENFEST UND ANDERE SCHWIERIGKEITEN ist das nächste Projekt wahrscheinlich JONATHAN WILD, mit Neil Jordan als Regisseur. Ein poetischer, aber sehr gewalttätiger Film, der im neunzehnten Jahrhundert spielt. Viele Studios hatten sich bereits dafür interessiert, aber niemand hat sich bisher rangetraut. Oder CONTACT, nach dem gleichnamigen Bestseller von Carl Sagan. In diesem Science-fiction-Film wird sie wieder mitspielen. Sie empfängt darin die ersten Signale von Außerirdischen. Jodie kennt eben keine Grenzen.

Und vielleicht wird sie auch eines Tages ihren Traum von dem Sexhit verwirklichen, den sie mit 28 geträumt hat. Damals stank es ihr bereits, wie Hollywood mit der weiblichen Sexualität umging. »Ich finde es zum Lachen, daß die Frauen auf der Leinwand bereits nach 20 Sekunden den Jahrhundertorgasmus haben.« Ihr schwebte ein Film vor, der Frauen so darstellt, wie sie sind. Der dokumentiert, wieso zwei Leute voneinander angezogen werden. Sie möchte die weibliche Sexualität so zeigen, wie man es in Hollywood bisher noch nie gesehen hat.

Jodie privat

Ich habe mich nie als Kind gesehen, eher als kleiner Mensch. Und jetzt bin ich ein großer Mensch.
Jodie Foster

Ihr Leben findet auf dem Film-Set statt. Da kann ihr nichts passieren. Nichts bleibt dem Zufall überlassen, alles ist genauestens geplant und abgesichert. Wenn sie häßlich aussieht, wird das später geschnitten, wenn sie im Wasser untergehen sollte, sind 25 Leute da, um sie zu retten. Selbst wenn sie das Opfer spielt, ist mit dem ›Cut!‹ der Spuk zu Ende. Und auch die Zeit zwischen den Filmen ist abgesichert: Jodie hat es sich zur Angewohnheit gemacht, einen Talisman, den sie während der Filmarbeiten kauft oder geschenkt bekommt, bis zum nächsten Film zu tragen. Ihr ständiger Begleiter jedoch ist ein Kissen, ohne das sie nicht schlafen kann. Das wertlose, aber unbezahlbare Kuschelkissen der 30 Millionen Dollar schweren kleinen Jodie Foster ist ihr engster Vertrauter. Auf Statussymbole wie Jaguar, Rolls-Royce oder eine Villa am Meer kann sie verzichten.

Ihr Haus, das sie vor ein paar Jahren kaufte, steht nicht da, wo es sich für einen Filmstar gehört, nämlich in den Hügeln von Hollywood oder am Pazifik in Malibu. Umgeben von vielen Bäumen, mit Nachbarn links und rechts, steht es im smogverhangenen San Fernando Valley, auf der anderen, der falschen Seite der Hollywood Hills. Allerdings bewohnt sie es nicht. Aber das hat andere Gründe. »Ich dachte mal, daß ich viel Zeit dort verbringen würde. Aber die Wirklichkeit sah anders aus«, sagt sie traurig. Und weil sie es nicht ertragen konnte, allein in ihrem Haus zu sitzen, ließ sie es bleiben. Meist mietet sie sich eine möblierte Wohnung oder ein Haus in der Nähe ihres Büros auf dem Sunset Boulevard, lebt mal bei Freunden oder im Hotel.

Sie ist stolz darauf, daß ihr nichts gehört, weil sie sich dann um nichts kümmern muß. Im Moment ist sie sogar dabei, viele ihrer Sachen zu verschenken oder zu verkaufen. »Ich brauche keine drei Kaschmirpullis, einer tut's auch.« Je weniger sie besitzt, desto leichter fühlt sie sich. Sogar euphorisch. Der Ballast aus der Vergangenheit hält sie nur davon ab, in die Zukunft zu marschieren. Das viele Geld, das sie hat, ist gut angelegt, aber nicht in Kunstgegenständen oder Schmuck. Darum würde sie sich ständig Sorgen machen. Ihre einzige Leidenschaft gehört einer kleinen Kollektion von alten Fotografien, die sie im Laufe der Jahre gesammelt hat. Nichts Besonderes, die Fotos haben nur ideellen, kaum tatsächlichen Wert.

Sich jetzt irgendwo niederzulassen, würde für sie Stillstand bedeuten. Auch müßte sie sich dann mit sich selbst auseinandersetzen, und soweit ist sie noch nicht. An dem Tag, an dem Jodie sich selbst erkennt und akzeptiert, wird die Welt auch erfahren, ob sie lesbisch ist oder nicht. Denn dann gibt es keinen Grund mehr für sie, ein Geheimnis daraus zu machen. Bis das jedoch passiert – wenn überhaupt –, sind Gerüchte alles, was darauf hindeuten. Jeder kennt in Hollywood jemanden, der gesehen haben will, wie sie in der Disco mit einer anderen Frau eng getanzt und rumgeknutscht hat. Einige wenige wollen sogar mit ihren früheren Freundinnen befreundet sein. Aber niemand nennt Namen. Die Presse hat es aufgegeben, ihr nachzujagen, obwohl jeder gern mit der Story ihres Outings seine Auflage erhöhen würde. Doch bis dahin ist sie viel zu diskret und langweilig. Wer will schon was darüber lesen, daß Jodie in den Supermarkt geht und sich bei der Post in der Schlange anstellt wie jeder andere auch? Sie liebt es, ihre kleinen Besorgungen selbst zu machen. »Was soll ich denn sonst tun? Noch öfter ins Fitneßcenter gehen?«

Jodies Angst, daß etwas an die Öffentlichkeit dringen könnte, was sie nicht kontrollieren kann, ist so groß, daß sie ihren Privatbereich per Rechtsanwalt abgesichert hat. Freunde und Bekannte müssen Jodie um Erlaubnis bitten, bevor sie mit jemandem über sie reden. Und die Antwort ist in jedem Fall ein dickes Nein. Schwarz auf weiß, geschrieben von ihren Anwälten. Wer eine Anzeige in der *Los Angeles Times* aufgeben möchte, um Leute zu finden, die Jodie kennen, darf ihren Namen nicht ohne ihre schriftliche Erlaubnis benutzen. Jodies Angst, transparent gemacht zu werden, wird aber noch von dem Horror vor kranken Hirnen übertroffen, die Jodie nach dem Leben trachten oder ihr zumindest damit drohen.

Auf Pressekonferenzen gibt sie sich sehr herzlich und unbeschwert, plaudert mit einem wie mit einem alten Bekannten. Aber ihre hellblauen Augen sagen: »Don't fuck with me!« Ihr Mund lächelt, doch das ist nur eine ihrer vielen Masken, die sie für Journalisten aufsetzt. Nie, nie, nie würde sie jemandem mit einem Seufzer gestehen, daß sie die Nase voll hat, am liebsten weglaufen würde. Ihre beiden Leibwächterinnen, die Kälte und die Unnahbarkeit, die immer dabei sind, wissen das zu verhindern. Jodie ist der Ansicht, daß sie als öffentliche Person nicht die Pflicht hat, vor ihrem Publikum einen Seelenstriptease zu machen.

»Über mich gibt's nichts zu berichten. Ich bin ein Loner*,« sagt sie nur. Ihr Alltag ist ziemlich eintönig, erzählt sie jedem, der auf der Suche nach Highlights oder Downfalls ist. Wenn sie nicht an einem Projekt arbeitet, ist sie am liebsten mit sich selbst allein. Steht früh auf, telefoniert mit Freunden in New York und Europa, trinkt Kaffee, liest die Zeitung. Wenn die Rush-hour vorüber ist, so gegen zehn, steigt sie in ihren Wagen und fährt ins Fitneßcenter. Anschließend ißt sie zu Mittag – entweder allein in einem Restaurant im Valley, wo man sie kennt und ihr das Tagesgericht serviert, oder im Auto. Die Nase in ein Drehbuch gesteckt oder

* Loner = abgeleitet von »lonesome wolf«, einsamer Wolf

eine Zeitschrift, liest sie dann. Das ist ihre Vorstellung von einem gemütlichen Mittagessen. Danach fährt sie nach Hause, setzt sie sich wieder ans Telefon und wickelt Geschäfte ab oder klönt mit Freunden. Abends, wenn es leerer wird, kauft sie im Supermarkt ein. Und wenn sie nicht ins Kino geht, holt sie sich ein Video.

Sie ist so sehr in ihrer Alltagsroutine verstrickt, daß es sie völlig durcheinanderbringt, wenn sie sich mit jemandem zum Mittagessen treffen muß, selbst wenn es Bekannte oder Freunde sind. »Ich bin gern mit mir allein. Wenn ich arbeite, habe ich immer so viele Leute um mich rum, daß ich meine Ruhe in der Freizeit richtig genieße. Das ist für mich der größte Luxus.« Darum liebt sie ihr Los Angeles, hier ist sie nichts Besonderes, sondern nur eine von vielen, die man von der Leinwand kennt. Und meistens übersieht man die kleine, zierliche Frau, die in ausgebeulten Jogginghosen und Turnschuhen, mit verblichener Jeansjacke und einer kleinen runden Brille auf der Nase vorübergeht.

Anhang:

LEBENSLAUF

19. November 1962
Alicia Christian Foster erblickt im sonnigen Los Angeles das Licht der Welt. Die Kleine gibt sich selbst andere, meist Jungennamen, darunter Brian und Alexander. Sie wird aber von allen nur Jodie genannt.

Eltern
Evelyn Foster, genannt Brandy, schlägt sich und ihre vier Kinder allein mit diversen Jobs durch. Sie arbeitet als PR-Beraterin für einen Produzenten und als Antiquitätenhändlerin, bis sie schließlich hauptberuflich als Jodies Managerin die Karriere ihrer Tochter in die Hand nimmt.

Lucius Foster III., Yale-Absolvent und ehemaliger Offizier der US Air Force, arbeitet unter anderem als Hausmakler. Er verläßt die Familie, bevor Brandy weiß, daß sie mit Jodie schwanger ist.

Geschwister

Zwei ältere Schwestern, Lucinda (1954), Constance (1955) und ein Bruder, Lucius IV., genannt Buddy, (1957).

Lucinda ist geschieden und lebt mit ihren beiden Kindern in Frankreich, wo sie Englisch unterrichtet. Constance wohnt mit ihrem zweiten Mann und zwei Kindern in Long Beach und jobbt als Innenarchitektin. Buddy ist zum drittenmal verheiratet. Aus den beiden ersten Ehen hat er drei Kinder. Er lebt in Woodland Hills, nicht weit von Jodies unbewohntem Haus.

Ausbildung

Drei Jahre Schule für besonders begabte Kinder, anschließend acht Jahre auf dem Lycée Français in Los Angeles. Sie beherrscht Französisch wie ihre Muttersprache. Außerdem spricht sie Italienisch und Spanisch. 1980 geht sie nach Yale, um Literatur zu studieren. Das Studium kostet pro Jahr 9000 Dollar, inklusive Unterricht, Unterbringung und Essen.

Dort lebt sie zum erstenmal wie ein normales Mädchen, das heißt, länger als ein paar Monate an einem Ort. Sie wohnt und arbeitet mit Gleichaltrigen, hat Freunde und ist glücklich. Jodie ist eine fleißige und gute Studentin, sie gibt ihre Arbeiten immer schon Wochen vor dem Termin ab. Ob sie je wieder ins Filmgeschäft zurück will, weiß sie nicht. Der Kinderstar Jodie Foster genießt die »Anonymität«, die ihr der Rahmen der Universität bietet.

Leider ist es damit schon bald vorbei. Im März 1981

schießt John Hinckley Jr. auf den US-Präsidenten Ronald Reagan, um Jodie auf seine Liebe zu ihr aufmerksam zu machen. Unfreiwillig ins Scheinwerferlicht der Öffentlichkeit zurückgekehrt, taucht sie ab. Sie schreibt einen Artikel für *Esquire* über ihre Gefühle. Mit *Why Me?* versucht sie, das Attentat und seine Wirkung auf sie zu verarbeiten. Nach einigen Monaten nimmt sie das Studium wieder auf. 1985 verläßt sie Yale mit dem B. A. magna cum laude in Literatur.

Karriere

Jodie ist drei Jahre alt, als sie mit einem Werbespot für das Sonnenschutzmittel *Coppertone* in die Welt hinauskatapultiert wird. Über 50 Werbefilme, unter anderem für Hundefutter, Zahnpasta und Shampoo, folgen.

Im Mai 1969 spielt sie zum erstenmal im Fernsehen in der Serie MAYBERRY R. F. D. Mit dabei: Bruder Buddy in der Hauptrolle. In den nächsten fünf Jahren dreht sie mehrere Serien wie THE COURTSHIP OF EDDIE'S FATHER, MY THREE SONS, GUNSMOKE, KUNG FU, JULIA und PAPERMOON. Außerdem hat sie kleinere Gastauftritte in BONANZA, THE PARTRIDGE FAMILY, PERRY MASON, LOVE STORY und MEDICAL CENTER.

Ende 1973 ist sie regelmäßig in BOB AND CAROL AND TED AND ALICE und in SMILE, JENNY, YOU'RE DEAD zu sehen. Danach in den Serien ALEXANDER, ROOKIE OF THE YEAR und DAS DOPPELLEBEN DER JACKIE DEARING.

Mit zwölf kann sie bereits auf mehrere größere Filme zurückblicken, zum Beispiel NAPOLEON & SAMANTHA. Ihr kleines Leben scheint nur aus Filmen zu bestehen. Sie dreht zunächst einen nach dem anderen.

Nach ECHOS EINES SOMMERS ist vorübergehend Schluß. Brandy lehnt alle Drehbücher ab, die ihr angeboten werden. Sie will ihr Kind nicht in billigen Rollen verschleißen. Jodies Talent ist zu schade, um sie mit Locken im Haar und im Tüllröckchen über die Leinwand zu jagen. Brandy wartet auf die besondere Gelegenheit. Und die kommt auch prompt. Der Regisseur Martin Scorcese engagiert sie für seinen neuen Film TAXI DRIVER.

Für die Rolle der jungen Iris erhält sie eine Oscar-Nominierung. Danach verschwinden ihre Filme wieder im Meer der Mittelmäßigkeit. Selbst Brandys kritisches Auge bei der Drehbuchwahl kann das nicht verhindern.

Nach ihrem Schulabschluß vom Lycée Français überrascht Jodie alle und geht nach Yale, um zu studieren. Im ersten Semester spielt sie in dem Theaterstück GETTING OUT mit.

Am 1. März 1981 schießt John Hinckley auf den amerikanischen Präsidenten Ronald Reagan. Mit der Tat will er seine Liebe zu Jodie beweisen. Jodie, die sich plötzlich wieder auf dem Präsentierteller sieht, fällt in ein seelisches Tief. Ihr Traum vom normalen Leben ist aus. In den Ferien verschwindet sie. Als sie wiederkommt, hat sie sich fest vorgenommen, sich nur auf ihre Ausbildung zu konzentrieren. Aber in den kommenden drei Jahren dreht sie wieder, u. a. HOTEL NEW HAMPSHIRE.

Nach dem Studium steht für Jodie fest, daß sie Hollywood treu bleiben will. Sie dreht weiter, Filme wie IN GUTEN UND IN SCHLECHTEN TAGEN, SIESTA und FIVE CORNERS. Aber auch die Wahl dieser Filme ist recht unglücklich, und mit der erhofften Karriere will es nicht so recht weitergehen.

Das ändert sich schlagartig mit ANGEKLAGT, in dem sie eine junge Frau spielt, die von mehreren Männern in einer Kneipe vergewaltigt wird. Diese Rolle bringt ihr den ersten Oscar ein. Und nun glaubt Jodie, es geschafft zu haben.

Leider zeigt sie bei der Drehbuchauswahl ihrer nächsten beiden Filme wieder kein glückliches Händchen. KATIES SEHNSUCHT und CATCHFIRE erweisen sich als Flops.

Erst mit DAS SCHWEIGEN DER LÄMMER, in dem Jodie eine FBI-Agentin spielt, die einen Serienmörder zur Strecke bringt, wendet sich das Blatt für sie endgültig. Sie erhält ihren zweiten Oscar und kann jetzt in Hollywood selbstbewußter auftreten.

1991 nimmt sie eine neue Karriere in Angriff: als Regisseurin. DAS WUNDERKIND TATE, die Geschichte eines überintelligenten Kindes, das ohne Vater bei der Mutter aufwächst, trägt viele autobiographische Züge. Damit aber nicht genug, Jodie will noch mehr Macht und Einfluß aufs Filmgeschäft, und sie gründet ihre eigene Produktionsfirma, EGG Pictures. Als Schauspielerin, Regisseurin und jetzt auch Produzentin schwimmt sie in Hollywood endlich ganz oben.

Danach erfüllt Jodie sich einen langgehegten Traum, mit einem ihrer Lieblingsregisseure zu arbeiten. In Woody Allens Film SCHATTEN UND NEBEL bekommt sie eine kleine Rolle als Prostituierte.

Zwei weitere Filme, die nicht viel Aufsehen erregen, für die junge Schauspielerin jedoch eine Herausforderung darstellen, sind SOMMERSBY und MAVERICK. Im ersten spielt sie neben Richard Gere zum erstenmal einen romantischen Part, und im anderen zum erstenmal in ihrem Leben eine Komödie.

Mit dem Film NELL, dem ersten, den sie bei EGG selbst produziert, erfüllt sie sich einen weiteren Traum: Das Drehbuch von Mark Handley handelt von einem Mädchen, das fern aller Zivilisation aufwächst. Als es gefunden wird, kann es nur mit stammelnden Lauten und merkwürdigem Singsang kommunizieren. Jodie spielt auch die Hauptrolle. Aber der erhoffte dritte Oscar bleibt aus.

• Anfang 1995 produziert sie ihren zweiten Film, FAMILIENFEST UND ANDERE SCHWIERIGKEITEN. Diesmal spielt sie nicht mit, aber sie führt wieder Regie.

• Ihr nächstes Projekt ist CONTACT, ein Science-fiction-Film, in dem sie eine Funkerin spielt, die Signale von Außerirdischen empfängt. Außerdem in Arbeit:

• JONATHAN WILD, mit Neil Jordan als Regisseur. Ein poetischer, aber sehr gewalttätiger Film, der im neunzehnten Jahrhundert spielt. Viele Studios hatten sich bereits dafür interessiert, aber niemand traute sich bisher ran. Kein Hinderungsgrund für Jodie.

Weitere Preise

Mit 13 erhält sie den *New Generation Award* für TAXI DRIVER und BUGSY MALONE. Außerdem eine Oscar-Nominierung für TAXI DRIVER. Die Fünfzehnjährige kann mit weiteren Trophäen aufwarten. Sie erhält den *National Critic's Award*, den *L. A. Critic's Award*, zwei *Italian Critic's Awards*, den *New York Runner-Up-Award* und den *Golden Globe*.

Mai 1991 erhält Jodie den *Spencer Tracy Award* auf dem Campus von UCLA (University of California, Los Angeles) für außergewöhnliche Darstellung auf der Leinwand und ihre Professionalität.

Im September 1991 bekommt sie den *Pieper Heidsieck Award* auf dem Bostoner Filmfestival zur Premiere von DAS WUNDERKIND TATE für außergewöhnliches Können, Unabhängigkeit und den Mut zum Risiko.

Im Oktober 1991 erhält sie von der L. A. Teachers Association den *Arthur Knight Excellence* Preis für DAS WUNDERKIND TATE, der der Filmemacherin für besondere Leistungen im Regieführen und als Schauspielerin überreicht wird.

1992 wird sie von der Agentur ICM (International Creative Management) zum *weiblichen Star des Jahres* gekürt.

Im selben Jahr wird ihr der *Hasty Pudding Award* von der Harvard University, Boston verliehen.

Und im Oktober 1994 erhält sie den *Show East's George Eastman's Award* für ihre Leistungen in der Filmindustrie als Schauspielerin, Regisseurin und Produzentin.

1996 erhält sie den *Women in Film Crystal Award* für ihre außerordentliche Arbeit, die der allgemeinen Frauenrolle in Hollywood zugute kommt.

Filmographie

Fernsehfilme und -serien

MAYBERRY R. F. D. (1968–1971)
GUNSMOKE (1969, 1971, 1972)
THE COURTSHIP OF EDDIE'S FATHER (1969, 1970, 1971)
JULIA (1969)
MY THREE SONS (1971)
IRONSIDE (1972)
BONANZA (1972)
GHOST STORY (1972)
MY SISTER HANK (1972)
THE PAUL LYNDE SHOW (1972)
THE AMAZING CHAN AND THE CHAN CLAN (1972–74)
THE PARTRIDGE FAMILY (1973)
KUNG FU (1973)
THE NEW ADVENTURES OF PERRY MASON (1973)
LOVE STORY (1973)
BOB AND CAROL AND TED AND ALICE (1973)

ALEXANDER (1973)
SMILE JENNY, YOU'RE DEAD (1973)
MENACE OF THE MOUNTAIN (1973)
PAPERMOON (1974)
MEDICAL CENTER (1975)
DAS DOPPELLEBEN DER JACKIE DEARING (THE
    SECRET LIFE OF T. K. DEARING (1975)
HANDS OF TIME (1978)
SVENGALI (1981)
ROOKIE OF THE YEAR (o. J.)
ADAM–12 (o. J.)
DANIEL BOONE (o. J.)

Kinofilme

1972 NAPOLEON & SAMANTA
Walt Disney
Originaltitel: Napoleon and Samantha
(TV-Titel: Flucht in die Wildnis)
Regie: Bernhard McEveety
Drehbuch: Stewart Raffill
Kameramann: Monroe P. Askins
Musik: Buddy Baker
Darsteller: Michael Douglas (Danny), Will Greer
    (Großvater), Johnny Whitaker (Napoleon Wilson),
    Jodie Foster (Samantha) u. a.
Inhalt: Als der Großvater, bei dem der kleine Napoleon
    mit seinen Löwen lebt, stirbt, flieht der Junge mit-
    samt den Raubtieren und seiner kleinen Freundin

Samantha in die Berge. Er hat Angst, daß man ihn in ein Waisenhaus steckt.

1972 ROUND UP
MGM
Originaltitel: Kansas City Bomber
Regie: Jerrold Freedman
Drehbuch: Thomas Rickman, Calvin Clements
Kameramann: Fred J. Koenekamp
Musik: Don Ellis
Darsteller: Raquel Welsh, Kevin McCarthy u. a.
Inhalt: Jodie ist die Tochter der Star- Rollschuhläuferin, für die nur das harte Wettrennen zählt. Das Kind kommt dabei zu kurz. Eine Mischung aus sentimentaler Frauengeschichte und brutaler Action.

1973 GEFÄHRLICHE BEGEGNUNG
Walt Disney
Originaltitel: Menace of the Mountain (lief in der Originalversion nur in England)
Regie: Vincent McEveety
Drehbuch: Robert Heverly, nach dem Buch von Mary A. Hancock
Kameramann: William Snyder
Musik: Buddy Baker
Darsteller: Mitch Vogel (Jamie), Charles Aidman (Jed McIver), Albert Salmi (Poss Timmerlake), Patricia Crowley (Leah), Richard Anderson (Major Galt) u. a.
Inhalt: Gegen Ende des Amerikanischen Bürgerkrieges

versucht ein Vierzehnjähriger, seinen in Gefangen-
schaft geratenen Vater zu Hause zu ersetzen.

1973 TOM SAYWER
MGM
Regie: Don Taylor
Drehbuch: Robert B. Sherman, nach einem Buch von
 Mark Twain
Kameramann: Frank Stanley
Musik: Richard M. Sherman, Jon Williams
Darsteller: Johnny Whitaker (Tom), Jodie Foster
 (Becky) u. a.
Inhalt: Jodie spielt die Rolle der Becky in dem Musical
 nach der Geschichte von Mark Twain.

1973 EIN KAMEL IM WILDEN WESTEN
Walt Disney / Buena Vista
Originaltitel: One Little Indian
Regie: Bernard McEveety
Drehbuch: Harry Spalding
Kameramann: Charles F. Wheeler
Musik: Jerry Goldsmith
Darsteller: James Garner (Clint Keyes), Vera Miles (Do-
 ris McIver), Pat Hingle (Cpt. Stewart), Andre Pine
 (Army Chaplain), Jodie Foster (Martha McIver) u. a.
Inhalt: Ein desertierter Korporal der Unions-Kavallerie
 flieht auf einem Kamel nach Mexiko. Eine sentimen-
 tale Westernkomödie.

1974 **ALICE LEBT HIER NICHT MEHR**
Warner Bros.
Originaltitel: Alice Doesn't Live Here Anymore
Regie: Martin Scorcese
Drehbuch: Robert Getchell
Kameramann: Kent L. Wakeford
Musik: Richard La Salle
Darsteller: Kris Kristofferson (David), Ellen Burstyn
  (Alice), Billy Green Bush (Donald), Diana Ladd
  (Flo), Lane Bradburry (Bens Frau), Harvey Keitel
  (Ben), Jodie Foster (Audrey) u. a.
Inhalt: Jodie spielt einen Hansdampf in allen Gassen,
  die ihren Freund zu allerlei Unfug und kleinen Gau-
  nereien anstiftet.

1975 **ECHOS EINES SOMMERS**
Cine Artists
Originaltitel: Echoes of a Summer
Regie: Don Taylor
Drehbuch: Robert L. Joseph
Kameramann: John Coquillon
Musik: Terry James
Darsteller: Jodie Foster (Deidre Striden), Richard Har-
  ris (Eugene Striden), Lois Nettleton (Ruth Striden),
  Geraldine Fitzgerald (Sara), William Windom (Dr.
  Hallett), Brad Savage (Phillip Anding) u. a.
Inhalt: Ein zwölfjähriges Mädchen hat nur noch kurze
  Zeit zu leben. Die Eltern ziehen darum mit ihr an ei-
  nen schönen Ort am Meer. Eine Geschichte, die stark
  auf die Tränendrüsen drückt.

1976 **BUGSY MALONE**

Paramount
Originaltitel: Bugsy Malone
Regie: Alan Parker
Drehbuch: Alan Parker
Kameramann: Michael Seresin, Peter Bizian
Musik: Paul Williams
Darsteller: Scott Baio (Bugsy Malone), Florrie Dugger
(Blousey), Jodie Foster (Tallulah), John Cassisi (Fat
Sam), Martin Lev (Dandy Dan), Davidson Knight
(Knuckles), Albin Jenkins (Fizzy) u. a.
Inhalt: Jodie spielt die Speakeasy-Königin und Freun-
din des Gangsters Fat Sam. Tallulah ist ein echter
Vamp mit blonden Locken, gewagten Kleidern und
Tonnen von Make-up. Mit ihrem kalten Blick kann
sie jeden Mann in Stücke schneiden. Sie weiß aber
auch, wenn einer Charakter hat, und konzentriert
sich deshalb auf Bugsy Malone. Allerdings steht ihr
dabei seine eifersüchtige Freundin Blousey im Weg.

1976 **TAXI DRIVER**

Warner Bros.
Originaltitel: Taxi Driver
Regie: Martin Scorcese
Drehbuch: Paul Schrader
Kameramann: Michael Chapman
Musik: Bernhard Herrmann
Darsteller: Robert DeNiro (Travis Bickle), Peter Boyle
(Wizard), Cybill Sheperd (Betsy), Jodie Foster (Iris),
Harvey Keitel (Matthew »Sport«), Martin Scorcese

(Fahrgast), Steven Prince (Andy, der Waffenverkäufer), Diahnne Abbott (Süßwarenverkäuferin), Victor Argo (Melio) u. a.

Inhalt: Der geistig verstörte Vietnamheimkehrer Travis hat Schwierigkeiten, sich wieder in das normale Leben einzufügen. Eine seiner Aufgaben, die er sich in den Kopf gesetzt hat, ist, die kindliche Prostituierte Iris aus dem Strichermilieu zu retten.

Oscar-Nominierung für die beste weibliche Nebenrolle und Verleihung des Italian Donatello Award.

1977 **EIN GANZ VERRÜCKTER FREITAG**

Walt Disney

Originaltitel: Freaky Friday

Regie: Gary Nelson

Drehbuch: Mary Rogers nach ihrem gleichnamigen Roman

Kameramann: Charles F. Wheeler

Musik: Johnny Mandel

Darsteller: Barbara Harris (Ellen Andrews), Jodie Foster (Annabel Andrews), John Astin (Bill Andrews), Patsy Kelly (Mrs. Schmauss), Dick van Patten (Harrold Jennings) u. a.

Inhalt: Mutter und Tochter stehen zueinander wie Hund und Katze. Als sie eines Morgens zur selben Zeit den selben Gedanken haben, geschieht das Unmögliche: Die Mutter schlüpft in den Körper der Tochter und umgekehrt. Das Ergebnis: Verständnis auf beiden Seiten für die andere.

1977 **DAS MÄDCHEN AM ENDE DER STRASSE**
I. C. L. / Filmel / Ypsilon
Originaltitel: La petite fille an bout du chemin (The Little Girl Who Lives Down The Lane)
Regie: Nicolaus Gessner
Drehbuch: Laird Koenig und Nicolaus Gessner, nach einem Roman von Laird Koenig
Kameramann: René Verzier
Musik: Christian Gaubert, nach Frédéric Chopin
Darsteller: Jodie Foster (Rynn Jacobs), Martin Sheen (Hallet), Alexis Smith (Mrs. Hallet), Scott Jacoby (Mario), Mort Shuman (Miglioriti) u. a.
Inhalt: Ein Mädchen lebt mit seinem Vater in einem Haus am Ende der Straße. Nur: den Vater hat noch nie jemand zu Gesicht bekommen. Das frühreife Kind wehrt sich erfolgreich gegen die plumpen Annäherungsversuche eines Kindesverführers und verliebt sich bis über die Ohren in einen Jungen, der wie sie ein Außenseiter ist. Ein spannender Psychokrimi mit Jodie als kleverer Mörderin.

1977 **ABENTEUER AUF SCHLOSS CANDLESHOE**
Walt Disney
Originaltitel: Candleshoe
Regie: Norman Tokair
Drehbuch: David Swift und Rosemary Anne Sisson nach dem Buch »Christmas at Candleshoe« von Michel Innes
Kameramann: Paul Beeson
Musik: Ron Goodwin

Darsteller: Jodie Foster (Casey), David Niven (Priory), Helen Hayes (Lady St. Edmund), Leo McKern (Bundaga), Veronica Quilligan (Cluny) u. a.

Inhalt: Jodie trifft als angebliche Enkelin aus Amerika in England ein. Aber ihr geht es nur darum, an das Geld der wohlhabenden Gräfin ranzukommen. Natürlich fliegt der Schwindel auf, aber da hat ihr Charme das Herz der verbitterten Alten längst besiegt.

1977 **FETZIG, FREI UND ENDLICH HIGH**

(neuer Verleihtitel: Liebeserwachen;
Videotitel: Stunde der Zärtlichkeit)
Axe / Megalo / Peri / Yanne / Victorine
Originaltitel: Moi, fleur bleu (Stop Calling Me Baby)
Regie: Eric Le Hung
Drehbuch: Eric Le Hung, Philippe Bourgoin
Kameramann: Marcel Combes
Musik: François d'Aime
Darsteller: Jean Yanne (Max), Jodie Foster (Rose), Sydne Rome (Sandy), Bernard Giraudeau (Sylvester), Lila Kedrova (Olga) u. a.

Inhalt: Ein Mannequin und seine kleine Schwester in einer Art Teeniefilm mit Sex. Marke: sentimentale Lovestory.

1977 **IL CASOTTO**

Medusa Film
Originaltitel: The Beach House
Regie: Sergio Citti
Drehbuch: Citti und Vincenzo Cerami

Kameramann: Tonio Delli Colli
Musik: Gianni Mazza
Darsteller: Michele Placido, Luigi Proiette u. a.
Inhalt: Der Film spielt in einer Umkleidekabine in
Ostia an der Adria. Jodie ist ein schwangerer Teena-
ger, den die Großeltern zu verkuppeln versuchen,
damit das Kind nicht in Schande zur Welt kommt.

1980 **JAHRMARKT**
Lorimar / Jonathan Taplin / Robertson
Originaltitel: Carny
Regie: Robert Kaylor
Drehbuch: Thomas Baum
Kameramann: Harry Stradling Jr.
Musik: Alex North, Robbie Robertson
Darsteller: Gary Busey (Frankie Chipman), Jodie Fo-
ster (Donna), Robbie Robertson (Patch Beaudry),
Meg Foster (Gerta), Kenneth McMillan u. a.
Inhalt: Die Kellnerin Donna ist vom Leben gelangweilt
und geht auf den Jahrmarkt. Dort verliebt sie sich in
den Star des Rummels, einen Clown. Sie schläft aber
nicht nur mit ihm, sondern auch mit seinem besten
Freund. Die Freundschaft der beiden Männer droht
daraufhin zu zerbrechen. Doch Donna gehört niemandem, nur sich selbst und dem wilden Leben auf
dem Jahrmarkt.

1980 **JEANIES CLIQUE**
United Artists
Originaltitel: Foxes

Regie: Adrian Lyne
Drehbuch: Gerald Ayres
Kameramann: Léon Bijou
Musik: Giorgio Moroder
Darsteller: Jodie Foster (Jeanie), Marilyn Kagan (Madge), Kandice Stroh (Deidre), Randy Quaid (Jay), Sally Kellerman (Mary), Scott Baio (Brad), Jon Sloan (Loser), Robert Romanus (Scott) u. a.
Inhalt: Vier Teenager in L. A. leben ihre Jugend aus, rauchen Haschisch und stellen die Welt auf den Kopf.

1982 O'HARA'S WIFE
PSO Release
Regie: William S. Bartman
Drehbuch: James Nasella und William S. Bartman nach einer Story von W. S. Bartman und Joseph Scott Kierland
Kameramann: Jarru Stradling
Musik: Artie Butler
Darsteller: Ed Asner (Bob O'Hara), Mariette Hartley (Harry O'Hara), Jodie Foster (Barbara O'Hara) u. a.
Inhalt: Als seine jüngst verstorbene Frau ihm erscheint, kommt der trauernde Witwer ins Grübeln. Sie versucht, ihn dazu zu überreden, seine Anwaltspraxis aufzugeben und durch Europa zu reisen. Jodie, die Tochter, ist davon begeistert.

1984 HOTEL NEW HAMPSHIRE
Woodfall Film
Originaltitel: The Hotel New Hampshire

Regie: Tony Richardson
Drehbuch: Tony Richardson, nach dem gleichnamigen
  Roman von John Irving
Kameramann: David Watkins
Musik: Raymond Leppard nach Jacques Offenbach
Darsteller: Rob Lowe (John), Jodie Foster (Franny),
  Beau Bridges (Vater), Lisa Banes (Mutter), Nastassja
  Kinski (Susie), Paul McCrane (Frank), Richard Jutras
  (Lenny), Jade Bari (Jolanta) u. a.
Inhalt: Eine unkonventionelle Familie, die aus Außen-
  seitern, Wirrköpfen, Lebenskünstlern und verspon-
  nenen Exzentrikern besteht, kauft ein altes Grand-
  hotel. Jodie hat ein Liebesverhältnis mit ihrem Bru-
  der und eine lesbische Affäre mit einem Mädchen,
  das nur im Bärenkostüm auftritt.

1984 DAS BLUT DER ANDEREN
Filmax / Antenne
Originaltitel: Le sang des autres (The Blood of Others)
Regie: Claude Chabrol
Drehbuch: Brian Moore, nach einem Roman von Simo-
  ne de Beauvoir
Kameramann: Richard Ciupka
Musik: François Dompierre
Darsteller: Stephane Audran (Gigi Grandjouan), Sam
  Neill (Bergman), Jodie Foster (Helene) u. a.
Inhalt: Drama aus dem Zweiten Weltkrieg, das in Paris
  spielt. Jodie arbeitet als Assistentin einer Modedesi-
  gnerin und verliebt sich in einen jungen Mann aus
  der Resistance.

1986 **IN GUTEN UND IN SCHLECHTEN ZEITEN**

RKO Pictures

Originaltitel: Mesmerized

Regie: Michael Laughlin

Drehbuch: Michael Laughlin, nach einer Kurzgeschichte von Jerzy Skolimowski

Kameramann: Louis Horvath

Musik: Tim Lloyd

Darsteller: Jodie Foster (Victoria), John Lithgow (Oli-
ver Thompson), Michael Murphy (Rev. Wilson),
Harry Andrews (Old Thompson), Daniel Shor
(George Thompson) u. a.

Inhalt: Der Film spielt zu Ende des neunzehnten Jahrhunderts in Neuseeland. Ein junges Mädchen, das
mit einem älteren Mann verheiratet ist, sieht nur einen Ausweg aus der unglücklichen Ehe. Das mörderische Drama basiert auf einer wahren Geschichte.

1987 **SIESTA**

Lorimar Motion Pictures / Siren Pictures

Originaltitel: Siesta

Regie: Mary Lambert

Drehbuch: Patricia Louisiana Knop, nach dem Buch
von Patrice Chaplin

Kameramann: Bryan Loftus

Musik: Marcus Miller (Komponist), Miles Davis (Mu-
siker)

Darsteller: Ellen Barkin (Claire), Gabrial Byrne (Augu-
stine), Julian Sands (Kit), Jodie Foster (Nancy), Mar-

tin Sheen (Del), Isabella Rossellini (Marie), Grace Jones (Conchita) u. a.

Inhalt: Als zickige Engländerin der Upper Class begleitet Jodie Ellen Barkin ein kleines Stück auf deren unglaublicher Reise durch Alptraum und Wirklichkeit.

1988 FIVE CORNERS
(Fernsehtitel: Pinguine in der Bronx)
Handmade Film
Originaltitel: Five Corners
Regie: Tony Bill
Drehbuch: John Patrick Shanley
Kameramann: Fred Murphy
Musik: James Newton Howard
Darsteller: Jodie Foster (Linda), Tim Robbins (Harry), Todd Graff (James), John Turturro (Heinz), Elizabeth Berridge (Melanie) u. a.

Inhalt: Ein gewalttätiger Psychopath wird aus dem Gefängnis entlassen und belästigt das Mädchen, von dem er immer schon besessen war. Das Drama spielt in der Bronx, und Jodie taucht als biedere Verkäuferin einer Kleintierhandlung auf, ständig auf der Flucht vor dem Verrückten.

1988 ANGEKLAGT
Paramount
Originaltitel: The Accused
Regie: Jonathan Kaplan
Drehbuch: Tom Topor

Kameramann: Ralf D. Bode
Musik: Brad Fiedel
Darsteller: Jodie Foster (Sarah Tobias), Kelly McGillis (Katheryn Murphy), Bernie Coulson (Ken Joyce), Ann Hearn (Sally Frazer), Steve Antin (Bon Joiner), Leo Rossi (Cliff Albrecht) u. a.
Inhalt: Eine junge Frau wird von einer Horde Kneipengänger auf der Flippermaschine vergewaltigt. Nachdem einige der Typen wegen fahrlässiger Körperverletzung verurteilt worden sind, greift die Staatsanwältin den Fall noch einmal auf. Sie konzentriert sich auf die johlenden Zuschauer, die, statt helfend einzugreifen, Beifall geklatscht haben. Erstklassiges Gerichtsdrama mit zeitgemäßem Background. Jodies erster Oscar für die beste weibliche Rolle.

1988 **KATIES SEHNSUCHT**
Warner Bros.
Originaltitel: Stealing Home
Regie: Steven Kampman, Will Aldis
Drehbuch: Steven Kampman, Will Aldis
Kameramann: Bobby Byrne
Musik: David Foster
Darsteller: Mark Harmon (Billy Wyatt), Blair Brown (Ginny Wyatt), Jonathan Silverman (Alan Appleby als Teenager), Harold Ramis (Alan Appleby), Jodie Foster (Katie Chandler) u. a.
Inhalt: Katie Chandler hat sich umgebracht und erscheint nur in Rückblenden. Ihr Freund, ein gescheiterter Baseballspieler, erhält ihre Urne zur

Aufbewahrung, und damit nimmt sein Leben eine neue Wendung. Seine Erinnerungen an die Zeit mit Katie öffnen ihm die Augen für vieles, was er falsch gemacht hat.

1990 **CATCHFIRE**
Vestron Pictures
Originaltitel: Backtrack
Regie: Dennis Hopper
Drehbuch: Rachel Kronstadt Mann, Ann Louise Bardach
Kameramann: Ed Lachman
Musik: Curt Sobel
Darsteller: Dennis Hopper (Milo), Jodie Foster (Ann Benton), Dean Stockwell (John Luponi), John Turturro (Pinella), Vincent Price (Mr. Avoca) u. a.
Inhalt: Jodie ist Zeugin eines Mafia-Mordes und soll von Dennis Hopper aus dem Weg geschafft werden. Dabei verlieben sich die beiden ineinander und müssen fliehen. Mafia und FBI sind ihnen dicht auf den Fersen.

1991 **DAS SCHWEIGEN DER LÄMMER**
Orion
Originaltitel: The Silence of the Lambs
Regie: Jonathan Demme
Drehbuch: Ted Tally, nach dem Roman von Thomas Harris
Kameramann: Tak Fujimoto
Musik: Howard Shore

Darsteller: Jodie Foster (Clarice Starling), Anthony Hopkins (Dr. Hannibal Lecter), Scott Glenn (Jack Crawford), Ted Levine (Jame Gumb), Anthony Heald (Dr. Frederick Chilton) u. a.

Inhalt: Frisch von der FBI-Ausbildung soll die junge Clarice Starling den Fall eines krankhaften Frauenmörders aufklären, der seine Opfer häutet. Das Know-how eines anderen Verbrechers, eines ehemaligen Psychiaters, der seine Opfer verspeist hat, soll ihr helfen, auf die richtige Spur zu kommen.

Zweiter Oscar für die beste weibliche Rolle.

1991 DAS WUNDERKIND TATE

Orion

Originaltitel: Little Man Tate

Regie: Jodie Foster

Drehbuch: Scott Frank

Kameramann: Mike Southon

Musik: Mark Isham

Darsteller: Jodie Foster (Dede Tate), Dianne Wiest (Jane Grierson), Adam Hann-Byrd (Fred Tate), Harry Connick Jr. (Eddie), David Pierce (Garth) u. a.

Inhalt: Ein überdurchschnittlich begabter kleiner Junge, der bei seiner Mutter, einer einfachen Kellnerin, lebt, soll seinen Fähigkeiten entsprechend gefördert werden. Das findet jedenfalls eine Kinderpsychologin, die selbst einst Wunderkind war. Zwischen beiden Frauen entbrennt ein Kampf um die Liebe des Jungen, der über sein künftiges Schicksal entscheiden soll.

1992 SCHATTEN UND NEBEL

Orion

Originaltitel: Shadows and Fog

Regie: Woody Allen

Drehbuch: Woody Allen

Kameramann: Carlo Di Palma

Musik: Kurt Weill

Darsteller: Woody Allen (Kleinman), Mia Farrow (Irma), John Malkovitch (Clown), Lily Tomlin (Prostituierte), Jodie Foster (Prostituierte), Madonna (Seiltänzerin) u. a.

Inhalt: Jodie spielt eine der Prostituierten in Allens Film, der von einem Mann handelt, der als Mitglied einer Bürgerwehr einen Massenmörder zur Strecke bringen soll.

1993 SOMMERSBY

Warner

Originaltitel: Somersby

Regie: Jon Amiel

Drehbuch: Daniel Vigne, Jean-Claude Carriere

Kameramann: Phillipe Rousselot, Duart Color

Musik: Danny Elfman

Darsteller: Jodie Foster (Laurel), Richard Gere (Jack), Lanny Flaherty (Buck), Wendell Wellman (Travis), Bill Pullman (Orin), Brett Kelley (Little Rob) u. a.

Inhalt: Nach dem Ende des Amerikanischen Bürgerkriegs wartet die junge Laurel auf die Rückkehr ihres verschollenen Mannes. Als er schließlich auftaucht, ist er völlig verändert. Früher gewalttätig und eher faul, ist er plötzlich zärtlich, und auch die Farm blüht unter seinen Händen auf. Zweifel an seiner Identität jedoch drohen die heile Welt der beiden zu zerbrechen.

1994 MAVERICK – DEN COLT AM GÜRTEL, EIN AS IM ÄRMEL

Warner Bros
Originaltitel: Maverick
Regie: Richard Donner
Drehbuch: William Goldman, nach der gleichnamigen TV-Serie von Roy Huggins
Kameramann: Vilmos Zsigmond
Musik: Randy Newman
Darsteller: Mel Gibson (Bret Maverick), Jodie Foster (Annabelle Bransford), James Garner (Marshal Zane Cooper), Graham Greene (Joseph), James Coburn (Commodore), Alfred Molina (Angel) u. a.
Inhalt: Westernkomödie um einen Falschspieler und eine junge Frau, der man ebenfalls nicht trauen kann. Poker, Pointen und Pistolen satt.

1994 NELL

EGG Pictures / Twentieth Century Fox
Originaltitel: Nell
Regie: Michael Apted
Drehbuch: William Nicholson, nach dem Theaterstück »Idioglossia« von Mark Handley
DP: Dante Spinotti
Musik: Mark Isham

Darsteller: Jodie Foster (Nell), Natasha Richardson (Paula Olsen), Liam Neeson (Jerome Lovell), Richard Libertini (Alexander Paley), Nick Searcy (Todd Peterson), Robin Mullins (Mary Peterson), Jeremy Davis (Billy Fisher) u. a.

Inhalt: Durch Zufall wird ein Mädchen in den Bergen entdeckt, das noch nie mit der Zivilisation in Berührung gekommen ist. Ihre einzige Kommunikationsmöglichkeit ist eine verstümmelte Sprache, vermischt mit merkwürdigem Singsang, die sie von ihrer verstorbenen Mutter gelernt hat. Nach einem Schlaganfall konnte diese die Laute nicht mehr richtig artikulieren. Eine ehrgeizige Psychologin versucht, Nell in ihre Fänge zu bekommen, damit sie selbst sich mit diesem ungewöhnlichen Fall profilieren kann. Aber der Doktor, der Nell entdeckt hat, stellt sich schützend vor das Mädchen aus der Wildnis.

1995 FAMILIENFEST UND ANDERE SCHWIERIG-KEITEN

EGG Pictures / Paramount / PolyGram
Originaltitel: Home for the Holidays
Regie: Jodie Foster
Drehbuch: W. D. Richter, nach einer Kurzgeschichte von Chris Radant
Kameramann: Lajos Koltai
Musik: Chris Newman
Darsteller: Holly Hunter (Claudia Larson), Robert Downey Jr. (Tommy), Anne Bancroft (Adele), Geral-

dine Chaplin, Charles Durning, Dylan McDermott (Leo) u. a.

Inhalt: Claudia kommt am Thanksgiving-Tag nach Hause, um mit Familie und Freunden zu feiern. Das Wochenende wird jedoch ein totales Disaster. Jeder sagt jedem die Meinung, man haut sich gegenseitig um die Ohren, was man schon immer mal sagen wollte.

1996 CONTACT
EGG Pictures

Jodie Foster empfängt über ihr Funkgerät Zeichen von Außerirdischen. Sciene-fiction-Story nach einem Buch von Carl Sagan.

BIBLIOGRAPHIE

VANITY FAIR – Mai 1994: Pure Jodie von Michael Shnayerson

US – Juni 1994: Jodie Foster – Rebel Belle von Margy Rochlin

LOS ANGELES TIMES – 10. Juli 1982: Shooting was Offering of Love, John Hinckley Say

LOS ANGELES TIMES MAGAZINE – 11. Dezember 1994: Command Performance von Hillary de Vries

THE NEW YORK TIMES – 6. Januar 1991: Child of the Movies von Jonathan Van Meter

TIME OUT – 15. Januar 1992: A Life in Pictures von Brian Case und Marianne Ruuth

ESQUIRE – Dezember 1982: Why Me? von Jodie Foster

INTERVIEW – April 1980: Jodie Foster von Andy Warhol

REDBOOK – November 1991: What's Driving Miss Jodie? von Michael Segell

PARADE – 10. Oktober 1976: Jodie Foster von Lloyd Shearer

CURRENT BIOGRAPHY – Yearbook 1992

L. A. HERALD EXAMINER – 17. August 1982: Hinckley's Sick Obsession

TIME MAGAZINE – 13. April 1981: A Drifter Who Stalked Success von Kurt Andersen

FAMILY WEEKLY – 16. April 1978: What is Jodie Foster Really Like? von Peer J. Oppenheimer

NEW HAVEN REGISTER
– 13. März 1981: Yale celebrity plotting debut in amateur play von Jay Newquist

– 1. April 1981: Taxi Driver scenario reflected in shooting von Jay Newquist
– 2. April 1981: Foster wants normal life
– 3. April 1981: Opening curtain closes hectic week for Jodie von Wayne Howe
– 3. April 1981: Jodie's fine but crowd edgy / Jodie Fo-

ster performs at Yale without a flaw von Randall
Beach
- 6. Mai 1981: Hinckley sought to impress Jodie, U. S.
  probers find/Probers find Hinckley motivatied by
  Jodie
- 30. September 1981: Jodie talked to Hinckley
- 9. Juli 1982: Hinckley shooting called act of love
- 3. August 1982: Hinckley danger to self, Jodie
- 9. August 1982: Hinckley due in court for sanity ru-
  ling
- 10. August 1982: Commit Hinckley as doctors report
  he's a threat to Jodie
- 19. Oktober 1982: Jodie Foster returning to Yale Campus
- 29. Dezember 1983: Jodie confronts follow-up count
  in drug arrest

Bildnachweis:

ap, Frankfurt/Main: 67
dpa, Frankfurt/Main: 87, 132
Kinoarchiv Engelmeier, Hamburg: 48, 99, 105, 111, 120, 124, 127, 130, 135, 139, 144, 146, 151, 153, 159, 163, alle Abbildungen des Farbtafelteils
Pressebilderdienst Kindermann, Berlin: 24
RTL plus-Kommunikation, Köln: 40

Band 61325

Sonja Kochius
Meryl Streep

Die kühle Dame mit versteckter Power

Jenseits von Afrika, Das Geisterhaus, Die durch die Hölle gehen, Manhattan, Kramer gegen Kramer, Holocaust...
Die Liste der Erfolgsfilme, in denen Meryl Streep mitspielt, scheint endlos. Wenn sie nicht vor der Kamera oder auf der Bühne steht, wirkt sie eher unscheinbar, schüchtern, unsicher, schlecht gekleidet und nicht besonders hübsch. Aber sobald sie in eine Rolle schlüpft, entwickelt sie die enorme Ausstrahlung und Wandlungsfähigkeit, die sie zu einer der größten Filmschauspielerinnen unserer Zeit machen.
Die Journalistin Sonja Kochius spürt dem vielfach preisgekrönten, eigenwilligen und faszinierenden Star nach.

Mit zahlreichen Abbildungen